一協会問題の闇

国家を蝕んでいたカルトの正体

よしのり
Yoshinori Kobayashi

芳生
Yoshifu Arita

本作品における「統一教会」の表記について、本書のタイトルならびに小林よしのり氏の発言内では、「世界平和統一家庭連合」の旧称として報道機関等でも広く使用されている「旧統一教会」ではなく、同団体の正式名称である「世界基督教統一神霊協会」（英語表記：Holy Spirit Association for the Unification of World Christianity）に由来する「統一協会」としています。これは、同団体を「教会」（＝Church）と呼ぶことで、読者に対して新たな誤解を生じさせる恐れがあるという小林氏の強い意向によるものです。

一方、有田芳生氏の発言内では「統一教会」と表記しています。これは、『朝日新聞』や有田氏もかつて執筆していた『朝日ジャーナル』（朝日新聞社）が、１９８０年代に統一教会報道を行う際に議論があり、教団が自らの略称を「統一教会」としているので、表記にこだわることはないと判断したことを踏襲しています。

日本基督教団、旧社会党、共産党は発行する広報誌や機関紙等のなかで「統一協会」と表記してきました。それは同団体が「宗教団体ではない」との認識に基づくものです。そもそも正式名称が「協会」であるため、有田氏はそのことも理解しながら40年近く「統一教会」と表記してきたので、「こだわることなく」本書でもそうしています。

なお、韓国のメディアでは「統一教」と報じられています。

まえがき

統一協会という外国勢力に媚びた保守

小林よしのり

2022年7月8日、安倍晋三元総理が参院選の応援演説中に銃撃され、死亡した。この事件については当初、自称保守勢力から、左翼による政治テロだという流言飛語が飛び交った。

ところが、容疑者として逮捕された山上徹也は、左翼どころか、むしろ「安倍シンパ」のネトウヨだった人物で、犯行は政治信条に基づくものではなく、「特定の宗教団体に恨みがあり、安倍氏が関係しているから、殺そうと思った」と供述しているという報道が事件の直後から少しずつ出てきた。

それを聞いてわしはすぐ、この「特定の宗教団体」とは「統一協会」（現・世界平和統一家庭連合　※わしはこの団体は宗教ではないと認識しているため、「教会」ではなく「協会」と表記している）に違いないと直感した。ブログでは最初こそ「その宗教団体ならアレだな。推測はつく」と名を伏せて書いていたのだが、まだメディアが団体名の報道を躊躇していた時点で確信したため、早々に「統一協会」の名をオープンにして批判することにしたのだ。

統一協会は1980年代頃から、あなたの先祖が地獄で苦しんでいるなどと脅し、これを買えば救われるなどと言って、壺や印鑑などを法外な値段で買わせる「霊感商法」が社会問題化していた。そして1990年代初めには、著名な女性タレントやスポーツ選手が信者となり、「合同結婚式」（正式名称は「国際合同祝福結婚式」）に出るというスキャンダルによって一気に国民的な関心事となった。

当時のテレビのワイドショーは連日この話題で持ちきりとなり、それに伴って統一協会の悪質性も広く知れわたり一般常識となった。わしはこれで統一協会問題にはすっかりカタがついたものと思い込んでしまったのだが、それは大きな誤解であり、油断であった。

安倍氏の銃撃事件から日が経つと、逮捕された山上徹也は母親が統一協会信者の「宗教2世」であり、この母親が教団に1億円を超える献金をして破産。山上は進学を断念せざるを得ず、山上の兄は自殺、一家は崩壊したという悲惨な家庭事情が明らかになってきた。

統一協会は1990年代初めの騒動後も生き残り、いつの間にか「世界平和統一家庭連合」と名を変え、むしろより巧妙に巨額の献金を信者やその家族から搾り取り、「家庭の大切さ」を謳いつつ多くの家庭を破滅に追いやっていたのだった。

実は、これらの悲劇はわしにとっても決して他人事ではない。わしの叔母は統一協会にマインドコントロールされ、家庭を一切顧みず宗教活動に没頭した挙句、夫や子供たちの給料まで教団に注ぎ込むようになり、一家は離散してしまったからだ。

実際、1990年代初めに統一協会が社会問題化したとき、わしはその経緯を「集金奴隷」と題して『週刊SPA！』（扶桑社）に連載していた『ゴーマニズム宣言』で描いている（1993年6月2日号）。

ところが、それから30年もの間、事態は何ひとつ動いておらず、その結果として、山上徹也の事件は起きたのだ。だからわしも、山上の気持ちは理解できる。

こうして銃撃事件後、統一協会問題が連日報じられるようになって、多くの国会議員が協会と関係を持っており、なかでも自民党所属の「保守」を自任する政治家が圧倒的に多かったことが明らかとなった。

特に第2次安倍政権は、選挙のたびに無償で献身的に運動してくれる信者を重宝するなど、統一協会と持ちつ持たれつの関係を続けてきたこともあって、団体の名称変更も可能となったばかりか、ついには国家権力の中枢にまで侵入を許し、ついには自民党の政策や憲法改正草案にまで統一協会が多大な影響を及ぼすまでになっていたのだ。

だが、そもそも統一協会は韓国を本拠とする外国勢力であって、かつて韓国を植民地支配した日本は「サタン（=悪魔）の国」とされており、その贖罪のために日本は韓国に際限のない献金をし続けなければならないという教義を掲げ、反天皇の儀式まで行っている反日カルトなのである。

なぜ、「自虐史観」に異を唱え、天皇を尊崇するなどと公言していた安倍氏をはじめとする保守政治家が、こんなカルト団体と手を組み、取り込まれてしまったのか？

これは、悪い冗談というか、恐るべき酷い矛盾である。要するに連中の正体は、保守でも何でもなかったのである。


今後、統一協会に対しては「解散命令」が出されることになるだろう。また、山上徹也の裁判も2023年の夏までには始まる見通しだ。

殺人は違法だから、粛々と裁くしかないが、反日カルト団体に翻弄された山上徹也の人生には、同情する声が高まるのも無理はない。

暗殺犯に同情は要らぬと、殺された安倍氏に寄り添う者も多いだろうが、何しろ暗殺の「動機形成」は、安倍氏が統一協会を利用したことにある。

戦後レジームからの脱却を掲げた安倍氏が、「反日・反天皇」カルトと共闘するという構図はあまりにも醜悪であったと言わざるをえない。

今回、ジャーナリストの有田芳生氏と対談して、統一協会の問題を一冊の本にまとめることになった。本編でも触れているが、わしは30年前に、当時存在した雑誌『マルコポーロ』（文藝春秋）で彼からインタビューを受けている。

そして今「空白の30年」を経て、再び有田氏と統一協会を主題とした対談をすることになった。この次の「30年後」はもうない。なぜなら30年後には、わしは１００歳になってしまうからだ。もうこれで終わらせる。統一協会問題は今度こそ終わりにしなければならない。

目次

帯挿絵　小林よしのり
帯写真　浅野将司
構成　齊藤武宏
編集　山﨑 元（扶桑社）
ブックデザイン　小田光美（オフィスメイプル）

第1章

「空白の30年」

――1992年8月、韓国・ソウルのオリンピックスタジアムで行われた統一協会（世界基督教統一神霊協会＝現・世界平和統一家庭連合）が主催する「合同結婚式」には、タキシードと純白のウエディングドレスに身を包んだおびただしい数のカップルが集結し、異様な熱気に包まれていた。

合同結婚式とは、人が生まれながらに背負った「原罪」を贖《あがな》うためには、統一協会の始祖・文鮮明氏（2012年に死去）が7代前まで遡って先祖の因縁を霊視して選んだ相手（信者）と結婚しなければならないという、統一協会の教えのなかでももっとも重要な宗教儀式の一つだ。

同じ信者とはいえ、見ず知らずの男女が「神」の名の下、生涯の伴侶をあてがわれる……。そんな得体の知れないセレモニーに注目が集まったのは、元アイドル歌手で、当時、映画やドラマに引っ張りだこだった女優の桜田淳子さん（1993年に芸能活動を休止）や、ロサンゼルス五輪で個人総合8位に入賞し「新体操の女王」と呼ばれた山崎浩子さん（1993年4月に脱会を表明）、バドミントンの元日本王者・徳田敦子さんが、これに先立ち式への参加を表明していたからだ。

当然、日本からもワイドショーのリポーターが多数押しかけた。統一協会が桜田さんらを「祝福三女王」と名づけ、広告塔として利用する戦略をとっていたこともあり、これをきっかけに強引な勧誘や高額献金、壺や印鑑などを売りつける悪質な霊感商法といった問題も連日メディアを通じて大きく報じられることになる。

ちょうどその頃、小林よしのり氏は『週刊SPA!』（扶桑社）誌上にて人気漫画『ゴーマニズム宣言』の連載を開始。1993年6月2日号では「集金奴隷」のタイトルで痛烈な統一協会批判を展開している。一方、有田芳生氏は1980年代より『朝日ジャーナル』（朝日新聞社）で行っていた統一協会に対する追及キャンペーンの舞台を『週刊文春』（文藝春秋）に移し、その教義の欺瞞や信者からカネを収奪する詐欺的なシステムなどを精力的に取材。テレビのワイドショーにも出演し、カルト教団の危険性をたびたび指摘していた。

30年前に出会った意外な場所

小林　有田さんと統一協会問題をきっかけに知己を得たのは、今から30年ほど前になりますね……。1993年に月刊誌『マルコポーロ』（文藝春秋）で、有田さんからインタビューを受けたときだったかな（同誌1993年9月号掲載の特集記事「超過激マンガ家 小林よりのりが 許さんぞ［統一教会］!!」で、有田氏はインタビュアーと構成を担当していた）。

有田　いや、実はその前に意外な場所で会っているんですよ。1992年、女優として活躍していた桜田淳子さんや新体操選手の山﨑浩子さんなど、日本から著名人が統一教会の合同結婚式に参加し、これがワイドショーで連日大きく報じられて社会的関心事となっている頃でした。

合同結婚式は教団の中心的な宗教行事で、現在も行われています。教団の教えでは「人類はアダムとエバ（※統一教会では「イブ」をこう呼ぶ）の時代から堕落している。それはエバが禁断の木の実を食べたからだが、『禁断の実』とは不倫だった」と、独特の

MARCO OPINION
超過激マンガ家
小林よしのりが
許さんぞ[統一

解釈で聖書を読み解きそれを教義としている。もちろん、聖書にはそんなことは書かれていませんが、統一教会では「この堕落を清算するには、再臨のメシヤ（＝救世主 ※統一教会では「メシア」をこう呼ぶ）である文鮮明教祖が指名した相手と結婚して、教義に基づいた儀式を行うことでしか救われない」と教え込むのです。

合同結婚式のことを教団では「祝福」と言います。統一教会の教祖・文鮮明は、神の理想は家庭を基盤に成立すると説き、神を信じ、神の愛を体験した男女が、神を中心とした夫婦となり、こうしてつくられた「理想家庭」を通して神の理想が実現するという。この神の理想のために、文鮮明が信者に理想的な結婚という「祝福」を授けてきたと主張しています。つまり、教団は全人類に「祝福」を与えるために、国籍や人種を超えて合同結婚式を行っているという理屈ですね。文鮮明に「祝福」を受けた理想家庭で生まれた子供は「祝福2世」となり、原罪のない「神の子」とされています。

合同結婚式は1回目となる1960年から1992年までの間に14回行われ、合計すると約5万組もの信者が参加し、結婚しています。合同結婚式は教団の集金装置にほかならず、多くの問題を孕んでいることは後ほど説明しますが、当時すでに教団の強引な

1992年に韓国・ソウルで行われた統一協会の合同結婚式
写真／共同通信社

勧誘や寄付の強要が大きな社会問題となっており、多くの信者の家族から自分の子供や親戚を何とか救いたいと、全国のキリスト教会の牧師さんへの相談が激増していました。統一教会を取材していた僕は関係者から協力を求められ、ある日、東京・新宿のキリスト教教会で信者父兄たちの相談会に参加すると、そこに小林さんがいたのです。「あれ!? よしりんがいる!!」って、すごくビックリしました（笑）。今でもハッキリ覚えていますよ。このときが初めての出会いですね。

小林　えぇぇーっ!? そうだったのかぁ（苦笑）。

信者を親族に持った小林よしのりの苦悩

有田　もう30年も経ちましたね（笑）。そもそも、小林さんが統一教会の問題に関わるようになったのは、何が理由だったんですか？

小林　わしの母の妹にあたる叔母が統一協会に入ってしまい、叔母の家族や親戚、わしの家にまで協会から電話がかかってきたり、尋ねてきたりして……。人の不幸を聞き出そうと話を始めたり、物品を売りつけようとしたり、入会させようと企むから、ウザくてしょうがなかったんです。何よりその叔母の夫や子供たちが困っていて、ちょっと目を離すと家にあるカネを全部、統一協会に献金してしまう。こんな状態では叔母がほかの誰かに迷惑をかけるかもしれないので、社会的責任として脱会させようとしたのが始まりです。

当時も現在と同じように、各地のキリスト教会が脱会を支援する活動を行っていました。そこで牧師さんから「親戚を脱会させるのに協力できる親類縁者はいないか?」と聞かれたんだけど、意外なことに叔母ともっとも近い親戚からは誰も手が上がらなかった……。正直もううんざりしていて、みんな関わり合いになりたくなかったんでしょうね。結局、脱会させるために何かをしようと考えたのは、わしと、わしの妻と、わしの妹の3人くらいしかいなかった。というのも、わしの祖母がかなりの高齢だったこともあり、子供を脱会させたい思いはあっても、気力がもうなかったのが大きかったんです。

わしらが脱会に協力する前、祖母は娘(わしの叔母)から「教団を辞めるから、お金を借りたい」と頭を下げられ、大金を貸したりしていたが、当然返ってくるわけもなく、

『週刊SPA!』
2022年8月16・23日合併号
※初出は1993年6月2日号

そのまま全額を教団に献金してしまう……。そんなことが繰り返され、騙され続けた祖母は心底疲れ果ててしまった。娘を救い出したいという思いはあったが、持ち出されたカネがかなりの高額だったこともあり、気力が追いつかなくなるのも無理はない。こうして叔母の脱会に力を貸す身近な人間は誰ひとりいなくなってしまったんだよ。最終的に、わしの親父が、漫画家で多忙なわしの時間を使わせるわけにはいかないと、叔母の脱会に乗り出すことになる。親父はマルクス主義者でものすごい理論家だから、『原理講論』（統一協会の教理である「統一原理」の解説書）を一字一句熟読して、赤線を引っ張りながら必死で勉強してから（苦笑）、マインドコントロールを解くために、叔母を新幹線に乗せて福岡の自宅に連れてきたんだ。

ところが、家族を脱会させるために統一協会の仲間から引き離そうと試みると、協会側は「拉致・監禁」したとキャンペーンを始める。冗談じゃないよ！　自分の家族をカルトの巣窟から引き離さなきゃ、脱マインドコントロールなんてできるわけないじゃないか！

有田　今も、そうした教団の姿勢はまったく変わっていません。『サンデー・ジャパン』

（ＴＢＳ系）で漫才コンビ・爆笑問題の太田光さんも、信者を苛酷な状況のなか保護、説得する家族の努力に対して、「拉致・監禁」と統一教会と同じ表現を用いて、教団を擁護しました。太田さんの主張は、教団側の主張そのものと言っていい。だから私は批判したし、当然、彼の発言は大炎上して、ＳＮＳでは「＃太田光をテレビに出すな」というハッシュタグまでつくられるほどでした。

小林　『週刊文春』や『マルコポーロ』で編集長をやっていた花田紀凱が現在、編集長を務めるオピニオン誌『月刊Ｈａｎａｄａ』（飛鳥新社）でも、信者のご家族の「奪還作業」を「拉致・監禁」と決めつける悪意でしかない文章をジャーナリストに書かせていましたね。

有田　過去には、親や兄弟が信者になってしまった家族が心配して、脱会に向けて努力をすると、教団は組織的なキャンペーンを張って、脱会を物理的に妨害してきた経緯があり、こうした脱会阻止工作は現在も行われている。ところが、教団は自分たちの振る舞いは棚に上げて、信者の家族による脱会への努力に対して「拉致だ！」「監禁だ！」とレッテルを貼ってきました。脱会に向けた試みのなかには行きすぎがあったことも事実です。しかし、入信してしまった家族が霊感商法などの犯罪行為に手を染めないでほしい、そのために脱会してほしいという切なる気持ちは、家族の心情とすれば当たり前のことでしょう。

小林　当時、わしもそう考えて奪還作業に挑戦したんだ。それに加えて、「小林よしのりの叔母が統一協会の信者になって、騙されている」などという噂が広まったら大変だし、脱会工作を試みるしかないと腹を括ったというのもあった。結局、骨の折れる仕事は父親が代わりにやってくれることになったわけですが、残念ながら、わしの親父の試みは失敗に終わった。叔母が早朝に小林家をこっそり抜け出して、統一協会に電話をかけたんです。協会から「すぐにその場を逃げろ」と指示されて、行方をくらましてしまった。洗脳を解いて脱会させるには、まず教団から引き離す必要があるんだが、これではどうにもならない……。有田さんが指摘したように、信者を脱会させるために家族は想像を絶する苦難を強いられるものなんだ。わしも骨身に沁みているよ。

有田　小林さんと初めて会った新宿のキリスト教会では、統一教会問題の相談会が開かれ、脱会のためのレクチャーが行われていました。小林さんのお父さんが『原理講論』

に赤線を引いて勉強して、入信してしまった親戚を論破、説得しようとしたけれどダメだったというのは、元『読売新聞』社会部記者で、『仁義なき戦い』などのベストセラーを数多く手掛けた作家の飯干晃一さん（1924～1996年）が、教団に入信した娘でタレントの飯干景子さんを脱会させようとしたやり方とまったく一緒です。

小林　えぇぇーっ、そうだったのか！

1992年の合同結婚式と芸能人の脱会騒動

有田　1992年、タレントやキャスターとして活躍していた飯干景子さんは統一教会系の行事に参加するようになり、すべての仕事を降板するとそのまま失踪してしまいました。父親の晃一さんは記者会見を開いて、「あの集団は許せない。景子が戻ってきても戦い続ける」と奪回を宣言します。この会見を見た景子さんは滞在していた米国・ニューヨークから急遽帰国。ここから、娘を脱会させるため晃一さんの説得が始まります。彼も聖書を勉強し、『原理講論』に赤線を引いて景子さんを説き伏せようとしたが、全然ダメでした。困り果てた晃一さんは『週刊文春』の編集部に電話をかけてきて、その流れで僕にも協力の依頼がきたんです。

都内のホテルの一室で、飯干晃一さん夫妻、そして景子さんを交えて話し合うと、彼女は「もう脱会した」「何でも聞いてください」などと言う。ところが、景子さんの話す言葉の端々に統一教会の内部で使われる用語が出てくる。おかしいですよね。そこで、僕が「今の言葉は、統一教会の言葉じゃないですか」と問うと、父親の晃一さんの顔色がサッと変わって、娘をジッと見つめている。そして晃一さんが「ちょっと休憩しよう」と説得を中断して休んでいると、その隙に景子さんは教団に電話をかけて、指導的な役割を担う信者「アベル」（※統一教会では、信仰上の上司や先輩をこう呼ぶ）と対応をどうするか相談していました……。彼らの手口は今も昔もまったく変わっていません。

小林　じゃあ、1993年に『マルコポーロ』誌上でわしがインタビューを受ける前から、有田さんは統一協会を追っていたんですか？

有田　そうです。合同結婚式を日本のメディアが大きく取り上げ始めたのは、韓国・ソウルで結婚式が開催される1か月ほど前の1992年の6月末からでした。式に参加する有名人が婚約を発表し、当時も統一教会は霊感商法などで悪名高かったから、世間が騒然となったわけです。

『マルコポーロ』は、この年の合同結婚式に参加した元新体操選手で、当時、人気タレントでもあった山﨑浩子さんが1993年4月に教団を脱会したことを受けて、僕にインタビュアーとして白羽の矢が立ったのでしょう。この頃、小林さんは「ゴーマニズム宣言」で統一教会の欺瞞と悪質性を厳しく批判していて、同じように教団批判の急先鋒だった僕のことを作中で「有田がんばれ！」と描いてくれていたので（笑）、『マルコポーロ』の編集者がキャスティングしたんだと思います。

小林　なるほど。奇妙な縁を感じるね。

有田　山﨑浩子さんの話に戻すと、彼女が脱会を表明するまでは、ワイドショーや週刊誌が動向をずっと追いかけて報じていました。彼女の「相対者《そうたいしゃ》」（※統一教会では、教祖の文鮮明が選んだ結婚相手をこう呼ぶ）は、安倍元総理の銃撃事件後、現在の世界平和統一家庭連合教会改革推進本部長に抜擢され、記者会見でスポークスマンとして教団の言い分を一方的に主張していた勅使河原秀行氏です。

世界平和統一家庭連合教会改革推進本部長の勅使河原秀行氏
写真／共同通信社

建前では合同結婚式の相手は文鮮明が選んだことになっていますが、当時、日本の統一教会名誉会長だった神山威氏が山﨑さんの結婚相手を決めたことがわかっています。山﨑さんは婚約の会見で「教祖が選んだ相手ならどんな人物でもいい」と言っていましたが、事実は違うのです。桜田淳子さんと共に特別扱いですよ。勅使河原氏が結婚相手に選ばれたのは、京都大学農学部を卒業した高学歴で、一流企業の大和証券に勤めるエリートだったからで、教団の社会的認知を高める広告塔としては適任だったんですよ。彼は利用されただけにすぎません。

山﨑さんの結婚には、当然、家族や親戚も大反対していて、何とか統一教会から脱会させようとしていた。ところが、彼女はマインドコントロールされていて、結婚の意思が固いのはもちろん、脱会する気などまったくない。ただ、山﨑さんのお姉さんが母親の一周忌までは入籍しないよう頼んでいたので、彼女はまだ婚姻届を出していなかったんです。そこで、お姉さんは、統一教会の脱会を支援していた日本基督教団の牧師・杉本誠さん（日本脱カルト協会元理事）たちに協力を仰いだ。そして、山﨑さんが正式に入籍する3月の直前、彼女が独りになる時間があることがわかる。空白の時間を狙ってお姉さんが山﨑さんを救出し、そこに合流した杉本牧師が脱会を説得したのですが、教団の反発は激烈を極めました。

山﨑さんの居所がわからなくなると、統一教会は「山﨑浩子が拉致、監禁された」と記者会見を開いて、脱会を説得する牧師のリストまで配って非難したのです。さらに、教団の広報部長が「杉本牧師の関与が濃厚」と名指しすると、杉本牧師の自宅付近を教団のクルマが張り込むようになり、尾行も始まる。杉本牧師は何とか教団の監視を潜り抜けて、山﨑さんが匿《かくま》われていたマンションに辿り着けたのです。

小林 わしの叔母の脱会作戦を思い出すよ……。

有田 そう。同じようなパターンなんです。一度入信したら、何が何でも脱会させない。そのために組織的な対応が練りに練られている。山﨑浩子さんに対しても、結婚相手の勅使河原氏が「逆奪回」を宣言して、山﨑さんが「愛している」としたためたラブレターまでテレビで公開したり、使える手段は何でも——という姿勢でした。

一方、山﨑さんへの説得は辛抱強く続けられていました。杉本牧師は統一教会がいかに問題のある組織で、その教義がキリスト教とはまったく相容れないこと、教祖の文鮮明の経歴にまつわる嘘などを粘り強く説明していました。経歴詐称のほんの一例を挙げれば、文鮮明の学歴は「早稲田大学理工学部電気工学科卒」となったり、「早稲田大学附属早稲田高等工学校電気工学科（現・早稲田大学理工学部）卒」となったり、都合が悪くなると目まぐるしく変わるんですね。ただ、こうした教団の問題点を指摘して山崎さんを説得しても、当初、彼女はあまり聞く耳を持たなかった。山崎さんは説得の最中にメモを取っていて、「どう説得されたのか教団に報告するつもりだったんだろう」と、杉本牧師は後に話しています。頑《かたく》なな態度が変わったのは、教祖と女性信者が性交渉する「血分け」のでたらめぶりを話していたときのことでした。

　統一教会の原理である「血分け儀式」とは、教祖から血分けされた女性たちが男性に、その男性からまた別の女性へと清い血を伝えることによって、アダムとエバの時代から人類が背負っている原罪が消えるという教えですが、実際は「セックスのリレー」にすぎない。草創期の統一教会は「セックス教団」だったと当時、文鮮明の側近だった金徳振氏（１９５８年に脱会）も明かしています。

　そんな赤裸々な事実を知った山崎さんは号泣すると、その場で脱会を決意するに至る

統一協会の創始者・文鮮明（写真左）と韓鶴子総裁（右）
写真／AFP＝時事

のですが、「統一教会を辞めたい。でも、辞めたら殺されてしまう」と身体を震わせて怯えていました。このとき脱会の決定打となったのは、勅使河原氏がテレビで山﨑さんの送った手紙を公開するのを見たことでした。山﨑さんは、結婚指輪をゴミ箱に投げ捨てたと言っています。おそらくその瞬間にマインドコントロールが解けたのでしょうね。その後、記者会見を開いて、脱会を宣言することになります。

「空白の30年」で教団は野に放たれた

小林　山﨑浩子さんのケースでもそうだったが、家族が脱会させようとすると「拉致だ！　監禁だ!!」と騒いで「逆奪回」を試みたり、「地獄に落ちるぞ！」「脱会すると先祖から恨まれるからな!!」などと恐怖によって自己決定権を奪ったり……。統一協会が同じやり口を30年前から繰り返してきたことがよくわかるよ。あの当時、有田さんは統一協会に対してどんな批判記事を書いていたのですか？

有田　最初は『朝日ジャーナル』です。１９８４年から１９８５年にかけてキャンペーンを張って、統一教会の原理運動を批判する記事を掲載していました。原理運動とは、統一教会の布教活動のこと。教祖の文鮮明は自らを「キリストの再臨」「全人類の父」などと称して、宇宙の根本原理である神は一つであり、この原理を説くことによって全宗教を統一し、平和な世界（※統一教会では「地上天国」と呼ぶ）を建設できると説いています。ところが実際は、原理運動にのめり込んだ信者の家庭は壊れ、教団による霊感商法の被害者が続出するなど、当時から社会問題になっていました。

こうした統一教会の実態を『朝日ジャーナル』が暴いたわけですが、当時は記事が出るたび朝日新聞東京本社には、1週間で4万6000本もの抗議電話が殺到する事態に……。しかもこれだけでは収まらず、朝日の社屋の隣にある国立がん研究センターや向かいの築地市場にも大量のクレームの電話がかかり、ついには近隣一帯の電話回線がすべてパンクしてしまった。そこで、朝日新聞側が統一教会に「それ以上続けるなら裁判に訴えて記事にする」と告げると、抗議電話がピタッと止まったんです。

その後、『朝日ジャーナル』は1986年12月5日号の「統一教会『霊感商法』の巨大な被害」を皮切りに、「統一教会『霊感商法』のあくなき食欲」（1986年12月26日

『朝日ジャーナル』(朝日新聞社)1984年12月14日号／1985年5月17日号

号）など、次々と教団に関する記事を掲載し、霊感商法追及キャンペーンを展開。僕も取材班に加わり、記事を書いています。ただ、このときも統一教会の抗議は尋常ではなかった。記者個人の自宅には1日100本以上の抗議電話や無言電話がかかり、頼んでもいない大量の寿司や天丼の出前が届けられた。さらに、どこで入手したのか記者の子供の名前を電話口で告げ、「○○ちゃん、元気？ ふふふ……」などと脅迫めいたことを言ったり、記者の自宅前には信者と見られる若者数人が乗り込んだクルマが停まり、張り込みが何日も続きました。こうした犯罪まがいのことを組織的に行うのが統一教会の手口なんですね。

教団側の反発をものともせずに霊感商法追及キャンペーンは1987年も続けられ、大きな反響を呼びました。先ほども触れたように、1984年から1985年に『朝日ジャーナル』、さらに1986年末から1987年にも『朝日ジャーナル』で統一教会批判キャンペーンを張りました。だが、それ以降は紙媒体が教団を取り上げることはほとんどなくなり、この次に統一教会への批判が高まったのは1992年の合同結婚式がきっかけで、このときは『週刊文春』がキャンペーンを張っていました。きっかけは。「山崎浩子は統一教会に入っているぞ」と僕に連絡があったことです。最初の報道から脱会に至るまでの詳細は、『脱会　―山崎浩子　飯星景子　報道全記録』（1993年・教育資料出版会）に書きました。ところが、過熱気味だった合同結婚式を最後に統一教会を巡る報道は姿を消し、「空白の30年」を迎えることになってしまうのです。

萎縮する現代のメディア

小林　昔の週刊誌は気骨があったんだな。でも、それだって読者が飽きれば報道を止めざるを得ない。新しい話題が次から次に出てくれば、テレビはそれを扱わなければならなくなる。

30年前のあのとき、フランスにおける「反セクト法」のようなカルト規制の枠組みをつくったり、被害者の脱会や救出を可能にする救済の仕組みを整備しておかなければならなかった。批判だけじゃダメなんです。いったん視聴者読者が離れると、メディアはカルトを監視しなくなる。すると、たちまち統一協会は体勢を立て直し、息を吹き返してより巧妙に霊感商法や事実上の献金の強要など、安心してカネ集めに邁進していくことになった。

有田 「空白の30年」は今も続いている、と言っていいかもしれません。というのは、僕がテレビで統一教会に批判的なことを言ったら、すぐに訴えられたんです(苦笑)。それと同時に、テレビからの出演オファーは一切なくなった。訴訟を恐れたのかもしれませんが、テレビ局はだらしないですよ。

小林 すぐに訴えられるほど危ないことを言ったんですか?

有田 2022年8月19日放送の情報番組『スッキリ』(日本テレビ系)で、教団について「霊感商法をやってきた反社会的集団だっていうのは、警察庁もう認めているわけですから」と発言したら、これが名誉毀損に当たるというんです。統一教会は2022年10月27日、都内で開いた記者会見で、この発言を「事実ではない」と反論して、僕と日本テレビに対して名誉毀損で訴訟を提起すると宣言しました。

ただ先ほど述べたように、統一教会は批判記事を出したメディアに対して、犯罪すれすれの抗議を、組織的かつ執拗に繰り返してくる団体です。35年も統一教会を取材してきた僕にすれば、迂闊なことを言ったり書いたりすると、教団が嵩にかかって攻撃してくることは百も承知。そうでなくても長い間、僕は「有田対策」「有田退治」などと称した教団の攻撃を受けてきましたから（苦笑）。僕が初当選した2010年の参議院選挙では、統一教会が「有田対策」「有田退治」の方針を打ち出していて、教団シンパである自民党の山谷えり子参院議員を支援するよう指示していました。このとき配布された教団の内部文書の文末には、「有田対策ですが、くれぐれも宜しくお願いします。相対的に有田退治になります　全国足並み統一行動を取ってください」と書かれていたほどですから。

こうした経緯もあって、僕はこれまでも生番組で統一教会について話すときは、慎重に発言してきました。それに、僕が番組で話したことは事実だし、これが名誉棄損に当たるとは到底思えない。おそらく、統一教会があえて名誉毀損で訴えてきたのは、裁判に勝つかどうかは眼中になく、言論活動が萎縮することを狙っていたのでしょう。威圧や口封じのために、訴訟の勝敗は度外視して個人を訴える「スラップ訴訟」の典型ですね。

小林　有田さんへのオファーがなくなったということは、すでに言論の萎縮は始まっているわけだ。だが、これでは統一協会の思うつぼだよ。テレビには報道機関としての矜持みたいなものがないのかな？

有田　そうなんですよね。実際、僕が訴えられた件について、背景を語ってほしいという局もあったんです。ところが、スタジオに行く準備をしていたら、ダメになったと連絡が入った。あれは日本テレビでの発言なので他局が扱うのは問題ないはずですが、どこからも出演依頼がこなくなった。

それだけならまだしも、これ以降、テレビが統一教会の問題を取り上げても差し障りのない解説に終始するようになっている。広い世代に情報を周知することができて、今も大きな影響力を持つテレビで報道することは非常に重要なのですが……。例えば、後で詳しく話しますが、統一教会が武装化を計画し、実際に散弾銃などを日本に輸入していたという重要な事実がテレビで報じられることはありません。その代わりというわけではないですが、２０２２年12月から、まぐまぐでメールマガジン「有田芳生の酔醒漫録」を発行して、統一教会のタブーについても発信するようにしました。小林さんもぜひ購読してくださいよ（笑）。

小林　ほう。統一協会の取材で第一人者である有田さんが明かす「教団のタブー」は、読み応えがありそうだな（笑）。振り返れば、日本のメディアは2022年7月8日の安倍元総理の銃撃事件のときも、統一協会に対して腰が引けていた。

米国のブルームバーグや英国のBBCをはじめ、海外メディアは銃撃直後から「Family for World Peace and Unification」（世界平和統一家庭連合の英語名）の略称「Unification Church」の名を出して、安倍氏との尋常ならざる関係を報じていたが、日本のメディアは大新聞もテレビも「特定の宗教団体」とぼかして明言を避けていた。ようやく「統一協会」の名前を報じたのは、教団が7月11日に会見を開いてからという体たらく。まるで教団が指定した〝情報解禁日〟を忠実に守って「統一協会」の名前を報じたかのようだった。

それに、この事件を報道するとき、テレビではすべてのコメンテーターが「とても許されないことですが」とか、「どんな理由があっても暴力はいけない」とか、断りを入れてから発言していたのも気持ち悪かった。この言葉さえ言っておけばいいとばかりに、免罪符として利用しているのが見え見えだよ。こんな及び腰で安倍氏と統一協会の関係に斬り込んでいけるわけがない。協会はほくそ笑んでいることだろう。これでは大マスコミがこぞって教団に忖度しているようなものだ！

有田 メディアはかなり前からそんな姿勢だったのかもしれません。今から10年ほど前、2012年4月21日放送の『報道特集』（TBS系）は「合同結婚式を挙行…統一教会は今」と題して教団を取り上げましたが、統一教会に無批判で、まるで教団を持ち上げる宣伝番組のような内容でした。社会的に明らかに問題がある団体を扱うときは、バランスを取るために批判的な立場の人間にも取材して、両論併記を行うのがメディアの基本的なルール。当然、テレビも例外ではなく、こうしたルールを遵守すべきです。

ところが、僕が入手した統一教会幹部から信者に送られた番組告知のメールは、番組と教団の不適切な関係が窺えるものだった……。少し長いけれど、大手メディアの教団へのスタンスがよくわかるので紹介しますね。

教会員の皆様へ

聖恩感謝申し上げます。

本日、21日午後5時半からのTBS『報道特集』で、統一教会関係の特集番組が約30分放送されます。

番組は、北朝鮮と太いパイプを持つ統一教会という観点で、TBSはこれまで3月24日の祝福式、國進氏インタビュー、平和自動車のパク社長インタビューをはじめ、リトルエンジェルスの練習風景、ヨンピョンリゾート、佐賀の日韓トンネル現場などを撮影してきました。

これまでの「元信者の告発、反対派の証言、隠し撮り」一辺倒の番組編成と違い、正面から取材申し込みをして、当法人でも先方と話し合いながら協力をしてきたものです。とはいえ、教会寄りの番組となるかは不明です。

ただ、既存の報道と違い、ある程度は教会幹部の主張や、私たちの活動内容が視聴者に届くものと理解しております。

さらに、メディア渉外を進めながら、公正な報道の実現に努力していきます。

本部広報局

このメールの文面にあるように、『報道特集』の番組内容は「教会幹部の主張や、私たちの活動内容が視聴者に届くもの」となっていたのです。価値判断なき「報道」は、「中立」を装った屈服にほかならない。一方、統一教会はメディアを屈服させたつもりにでもなっていたのでしょう。当時、僕が入手したこのメールをツイッターで公開すると、教団広報局が「著作権があるから削除せよ」と高圧的に要求してきました。こんな屁理屈が通用するなら、メディアなんて存在できません。

もちろん、僕は突っぱねましたよ。振り返れば、かつて霊感商法が大問題になっていたときも、「信者が個人的に行ったこと」「法人としてはやっていない」などと逃げ口上を弄していたが、統一教会の組織体質は一事が万事こうなんです。

もっとも2022年に『報道特集』が行った統一協会批判の内容はとても素晴らしいものでした。

小林　メディアが弱腰なのは以前からの話だが、協会側に対してそこまで阿《おもね》る態度をとっていたとは驚きだ。1992年の合同結婚式以降、統一協会の報道量がほとんどなくなるのも頷ける。メディアや社会の目が統一協会に届かなくなった「空白の30年」の間にも、教団は信者から多額の献金をむしり取っていた。「空白の30年」はメディアがつくり出したに等しい。

入信率25%……勧誘の入口「ビデオセンター」

小林　そもそも、山﨑浩子さんは新体操の選手として好成績を残し、民放のクイズ番組でも回答者として人気者となっていた。そんな彼女がなぜ、統一協会なんぞに入信しちゃったのだろうか。

有田　1988年の夏、山﨑さんが大学生の頃、友人の女性が手相や姓名判断をする男から印鑑を買ったという話を聞き、関心を持ったようです。そして、1989年1月にこの男と再会したときに言われた「今が転換期」との言葉が胸に響き、印鑑3本を120万円で買います。その後、この男に薦められ、統一教会の自己啓発センターでビデオ学習を受け始めたという。決定的だったのは、海外遠征に行っているときに山﨑さんの父親が亡くなったことです。競技では好成績を収めたものの、親の死に目には会えなかった。落ち込む彼女に、信者はこう言ったそうです。「あなたがいい成績だったのは、亡くなったお父さんが守ってくれたからです」。先祖の因縁話を持ち出して不安に陥れ、不当に高額な印鑑や壺を売りつける霊感商法や、信者から献金を引き出す手口と同じですね。

小林 やはり、選手として何か悩みを抱えていて、その隙間に教団が忍び込んだんだろうな。統一協会は信者の勧誘にビデオを使うというが、今もこういうやり方なの？

有田 山﨑さんが統一教会と接点を持ってしまったのは、当時、成長したいという気持ちが強かったのが理由といいます。教団の勧誘は今も昔も、まず「ビデオセンター」と呼ばれる自己啓発センターに誘い込むところから始まるケースが多い。信者は駅前などで「手相を見ましょう」とか、「姓名判断をしてあげる」とか、「困ったことはありませんか」などと声をかけ、ビデオセンターに誘い込み、連れてきた人に合わせて興味や関心がありそうな映画などを勧誘した信者と一対一で一緒に観るんです。そして、いろいろな話をするなかで、どんな悩みを抱えているかを徐々に探っていく。「悪質な勧誘」と今も問題になっているのは、初めて接触したこの段階では決して教団の名を出さず、素性を隠していることです。これは統一教会の勧誘マニュアルにもはっきりと書かれています。

小林　いつ正体を明かすんですか？

有田　ビデオセンターには漫画やお菓子が置かれ、くつろげるスペースになっており、ここで自己啓発セミナーに誘い込みます。人は誰しも「仕事で成功したい」とか、「社会の役に立ちたい」とか、「いい相手と結婚したい」とか、それぞれ人生の目標があって、どんな人でも幸せになりたいわけですが、そういった個人情報を巧妙に聞き出して、「幸せになるためには、世界で一番読まれている聖書を勉強しましょう」と徐々に誘導していくのです。自己啓発セミナーに関心を持つくらいだから、参加者はこれをきっかけにして真面目に何か月も聖書の勉強に勤しむ。ところが、聖書と思って勉強していたのは、実は統一教会の教義なんですよ。もうこの頃になると参加者の頭のなかは統一教会の教義一色になってしまうから、抜けることはかなり難しい。入会するという選択肢しかなくなったタイミングで、自分たちが統一教会であることを初めて明かすのです。

山﨑浩子さんの場合は、何か月もビデオセンターに通っていて、ある日、観たビデオで「人類はサタンの子」という言葉にショックを受けたものの、「今はメシヤ（＝救世主）が来る時代」とも聞いて救われた気持ちになったという。ビデオセンターでは聖書の講義も行われますが、統一教会の教理解説書である『原理講論』を「聖書」と偽って教えている。そして、マインドコントロールが浸透した頃合いを見計らって、山﨑さんは「メシヤとは統一教会の創始者の文鮮明である」と告げられたといいます。ほかの多くの人に行われたのとまったく同じ手口ですね。ビデオセンターに連れてこられた人が、教団に入信する確率は25％とも言われ、統一教会にとって効率よく確立された勧誘手法になっている。実際その後、山﨑さんは教団に多額の献金を行い、合同結婚式への参加を決意するほどの熱心な信者になっていきました。こうしたやり方は違法伝道だと裁判でも確定判決が出ています。

小林　１９７０年代から１９８０年代にかけて、全国の大学に統一協会の支部とも言える「原理研究会」（略称は「ＣＡＲＰ《カープ》」）ができて、大きな社会問題になったが、大学当局が排除に乗り出しておおむね収束していった経緯がある。今も原理研はあるんですか？

有田　現在でも、東京大学や京都大学、早稲田大学などの一流大学から地方の大学まで、全国の約70大学に原理研は存在すると見られており、特に大学1年生は、原理研の格好のターゲットになっている。親元を離れて初めて一人暮らしをする学生も多く、新入生なのでまだ友人も少ないので、当然、困っていることがあっても相談できる人がいない。そんな隙に「困りごとはないですか？」などと言って近づいていくのです。

かつての原理研のどこが問題かというと、入信した学生が統一教会の活動にのめり込んで学業を放棄してしまうばかりか、家族と疎遠になったり、場合によっては家庭が壊されてしまうことです。さらに、原理研は統一教会にとって若い信者を獲得する青田刈りの場になっている。実際、日本の最高学府のトップ・東京大学には、ビジュアルのいい美貌の女性信者ばかりを集めて優秀な男子学生を勧誘する「東大エバ部隊」がつくられました。若くて勉強熱心な信者は、近い将来、自ら多額の献金をするようになる重要な資金源であり、信者の勧誘や霊感商法などを行う貴重な人的資源でもある。教団は原理研に入った学生を、カネを運んでくる信者になるよう育て上げるのです。

　昔の原理研は看板に偽りありの偽装サークルで、大学公認サークルを装って活動することが多かったけれど、最近では地域清掃のボランティアやＳＤＧｓのサークルを騙ったり、今風のやり方で正体を隠している。かつて社会問題化していた頃は大学当局が原理研の一掃に乗り出したこともあって、学内での活動は比較的少なくなったようですが、学外での活動は大学側も把握できていません。原理研の活動は、近年、巧妙化している印象が強く、大学当局やメディアはもっと注意喚起するべきです。

日本を〝ステルス侵略〟する統一協会

小林　30年前、統一協会がワイドショーを中心とするメディアで大々的に報じられ、それが終息してしまった後も、統一協会は廃れたわけじゃなく、着々と地方議員から国会議員まで広く政界に浸透し、日本国に対する〝ステルス侵略〟を仕掛けていたことになる。

2022年7月8日に起きた安倍元総理銃撃事件をきっかけに明らかになったのは、韓国発祥の外国勢力である統一協会が日本の権力構造の中枢にまで入り込み、国の政策決定に重大な影響を及ぼすところまで浸透していた現実だった。しかも、教団と関係がある議員の多くは、与党自民党の最大派閥である安倍派の面々。事件を受けて自民党は教団と所属議員の関係の調査に乗り出したが、そもそもこの調査も第三者機関によるものではなく身内によるお手盛りの調査で、その手法は、アンケート調査という国民を舐めきったやり方だった。どこまで信頼できるかは怪しいものだが、その結果によれば所属国会議員379人のうち、実に180人が接点を持っていたという。こんなことが許されていいはずはない!

さらに言えば、統一協会は表向き「反共」を掲げながら、北朝鮮とも繋がっていた組織でもある。にもかかわらず、日本の保守を自称する政治家が、外国勢力で、日本を悪魔呼ばわりする「反日カルト」と持ちつ持たれつの関係を続けてきたのだから、そのバカさ加減は度を越している。

有田　1991年、統一教会の文鮮明教祖が北朝鮮を電撃訪問し、金日成主席(191

2〜1994年・朝鮮民主主義人民共和国の初代最高指導者）と会談しています。このとき、35億ドル（約5000億円）を献上すると約束したうえで、金主席に「私のお兄さんになってください」と願い出たと言われています。統一教会と、教団の政治部門である国際勝共連合が掲げる「反共」は、これ以降、単なるポーズにすぎなくなった。

小林　「反共」「勝共」と言いながら、裏では北朝鮮と繋がっている……。拉致問題をいまだに解決できていない日本の政治家が、そんな「ならず者国家」とズブズブの「反日カルト」とヘラヘラと簡単に関係を持っていいわけがないんだよ。ところが、日本の自称・保守の連中は、一般の国民を「平和ボケ」「頭のなかがお花畑」などと批判し、さも自分たちが国家安全保障について鋭敏な感覚や知性を持っているかのように振る舞っている……。わしに言わせれば、国家権力の中枢をいつの間にか外国勢力に侵略されている現実にも気づかない自称・保守の連中こそ、バカの極みとしか言いようがない。

憲法学者の長谷部恭男東京大学名誉教授は著書『憲法とは何か』（岩波新書）で、近世フランスの思想家ジャン＝ジャック・ルソー（1712〜1778年・法哲学者、政治哲学者。著書『社会契約論』はフランス革命に大きな影響を与えた）の論文『戦争および戦争状態論』にある「戦争は国家と国家との関係において、主権や社会契約に対する攻撃、つまり、敵対する国家の憲法に対する攻撃というかたちをとる」という一文を引用し、「戦争の最終的な目的は、相手国の憲法を書き替えること」と結論づけている。

実際、第2次世界大戦に負けた日本やドイツの憲法は、戦勝国によって書き替えられた。ウクライナ戦争でも、開戦間もない2022年3月7日、クレムリンの報道官は、ウクライナ政府が一連の条件を満たせばただちに軍事行動を停止する用意があるとウクライナ側に伝えている。その「条件」を見ると、クリミアがロシア領土であることの承認、親ロシア派「ドネツク人民共和国」と「ルガンスク人民共和国」を独立国家として承認することなどが盛り込まれ、そのなかにはウクライナ憲法に「中立」を明記するよう修正を迫るものだった。ロシアが勝利した暁には、ウクライナの憲法は間違いなく書き替えられてしまうだろう。翻って、日本を〝ステルス侵略〟している統一協会が日本国憲法を書き替えてしまえば、武力を用いることなく侵略が完成してしまうわけだ。現実に、統一協会は憲法改正案の領域にまで踏み込んでいる。

有田　統一教会の政治部門を担い、事実上、教団と表裏一体の反共団体「国際勝共連合」

（1968年設立）と、自民党の改憲案は非常に似通っています。憲法改正や安全保障体制の強化などがそうですが、特に、「家族」の条項を憲法に盛り込もうとしているところなどは、そっくりと言っていい。

小林　本当に似ているよね。勝共連合は「家族は社会の自然かつ基礎的単位」として、家族保護の文言を憲法に明記させようとしていた。そのほかにも「緊急事態条項の創設」や「9条への自衛隊明記」など、自民党の改憲案は勝共連合にお伺いを立てたかのように内容が一致している。こうしたことに危機感さえ抱かない自称・保守の連中こそ「お花畑」なんだよ！　真の保守には、日本の危機的な状況とこうした事態を招いた統一協会の危険性にどうしても気づいてもらわなければいかん。

だが、こうした事実をまったく無視して、『月刊Ｈａｎａｄａ』は信者の奪還を「脱会ビジネス」などと批判する一大キャンペーンを張っている。編集長の花田は、現在のマスコミの統一協会への批判は、リベラルメディアが安倍氏の評価を下げたい一心で「旧統一教会の『悪』や、安倍さんとの関係をあえて過大に書き立てて」いると言い放ち、「教団は現在ただいまも、本当にそんなに悪なのか」と開き直る始末……。今や『月刊

『Ｈａｎａｄａ』は、統一協会を擁護するためにカルトの言い分を垂れ流す機関誌に成り下がっている。

ウクライナ戦争のような武力による侵略に対しては、もちろん十分警戒しなきゃならんが、わしがもっとも心配しているのは、統一協会が人々の精神に忍び込み、国会議員秘書に教団の工作員が潜り込んだり、自民党議員と接近したりした結果、政治を押さえてしまえば武力を使わずとも侵略はできてしまうということだ。本来、こうしたことにいち早く警鐘を鳴らすのが保守の役割のはずだが、自称・保守界隈を見渡してもそんな論客はいない。それどころか、花田のように統一協会の問題を矮小化するばかりか、応援しようとしている反日売国奴ばかり！　いったい奴らのどこが保守なんだ⁉

有田　小林さんが2022年10月に上梓した『ゴーマニズム宣言ＳＰＥＣＩＡＬ ウクライナ戦争論』（扶桑社）を興味深く拝読しました。ウクライナ戦争は、ロシアが国際法に違反して仕掛けた侵略であることは明らかです。あえて言うなら、「シンプルな事実」とさえ言える。ところが、日本の学者や評論家、さらに報道機関の記者までが、この単純明快な事実を曖昧にしているのは問題です。「侵略されたウクライナにも非がある」

とか、事実から目を逸らすようなことを専門家が主張したり、「国民の生命を守るために、ロシアに屈服しろ」などと言い出す識者までいる……。仮に自分たちがウクライナ人の立場なら、ロシアと戦う以外に選択の余地などないはず。

翻って統一教会の問題を改めて俯瞰すると、小林さんが指摘したように、武器を用いない侵略とも言うべき事態が30年以上前から続いているのです。

第2章
統一協会の正体

――統一協会は霊感商法や高額献金によって、日本国民から莫大な財産を収奪してきた。だが、「理想家庭を築くことで世界平和の実現」を目指す教団の信者が、なぜ犯罪まがいのカネ集めに進んで協力するのか？　それを読み解くには、統一教会の教義「統一原理」を解き明かす教理解説書『原理講論』を理解する必要がある。

同書をつぶさに読んでいくと、教祖・文鮮明が説く教義の欺瞞性と統一協会の真の狙いが浮かび上がってくる。そこから見えてくるのは、かつてのオウム真理教のようなカルト宗教との類似性だった。

『原理講論』から読み解く教団の正体

小林　ここで、そもそも統一協会とはどのような宗教団体で、その教義である「統一原理」とは何なのか？　統一協会は宗教的に何を目指しているのか？　基本的なことを確認しておきたい。

有田　統一教会は、１９５４年に韓国で教祖・文鮮明によって設立されました。教団が森羅万象の真理や人類の歴史の奥義を解き明かしているのが「統一原理」と呼ぶ体系的な思想で、人が正しく生き、理想家庭と世界平和を実現して幸福になるための道としています。

小林　実際には、信者は霊感商法という犯罪に手を染めていくから全然正しくないし、幸福になるどころか、家族が入信した家庭の多くはメチャクチャになったり、破産したりで不幸になるばかりなんだけどな（苦笑）。

有田　そうですね。「統一原理」は「創造原理」「堕落論」、そして「復帰原理」の三つに大きく分かれます。

まず「創造原理」とは、神と人間を含む被造世界との関係や、神の天地創造の目的と人生の目的、さらには地上界と霊界の関係を説き、宇宙の根本原理、神の創造目的を解説します。

次に「堕落論」では、罪悪の原因はどこにあり、人間の堕落によって生じたものとは何か？　なぜ全知全能であるはずの神が人間の堕落を防ぐことができなかったのか？　など、人々の不幸の原因である原罪の真相が解き明かされる。

そして、「復帰原理」は、人間を不幸へと陥れる原因を克服する術が明かされ、人間が神に創造されたときの本来の姿へと戻る（※統一教会では「復帰」と呼ぶ）ための法則と、人類の歴史に隠された神の復帰（※統一教会では「再臨」と呼ぶ）の計画などを説きます。

これらの「統一原理」の教理を解説したのが1966年に出版した『原理講論』で、もともとは1957年に教祖の文鮮明が『原理解説』を著し、その後、弟子の劉孝元など教団幹部が教祖の言葉をまとめたものです。同書は前編が7章、後篇が6章から成る結構なボリュームで、論文形式のためお世辞にも読みやすいとは言えません。小林さんのお父さんはこれを精読したというから、なるほど、インテリだったのでしょうね。

『原理講論』が説いているのは、簡単に言えば「神は人間を子として創造したが、堕落によってサタンの血統の下に置かれようになったため（※統一教会が言うところの「原罪」。聖書の原罪とは異なる）、さまざまな問題を孕んだ社会を形成するようになった（※統一教会では「地上地獄」と呼ぶ）。そして、人間が本来の幸福を取り戻すためには、真の父母であるメシヤによって重生（※生まれ変わること）することで原罪を清算し、

原理講論
世界平和統一家庭連合

メシヤとともにさらに成長し、地上天国に復帰しなければならない、というもの。

言うまでもなく、「真の父母」とは、教祖の文鮮明とその妻の韓鶴子を指します。

小林 統一協会に限った話ではないが、カルト宗教の教義はことごとく自分たちに都合のいいようにつくられているものだ。

有田 おっしゃる通りで、統一教会は「旧約・新約聖書を教典に『原理講論』を教理解説書とする」と主張するが、聖書の言葉を断片的に都合よく使っているにすぎない。

合同結婚式の話をした際に少し触れましたが、聖書の創世記には「蛇にそそのかされたエバが善悪を知る木の実を食べてしまい、その実をアダムにも食べさせると目が開いた二人は裸であることに気づいた」と書かれている。神は「取って食べてはいけない」という戒めを破って禁断の実を口にした2人を楽園から追放した、という有名な話です。

ところが文鮮明は、蛇とは、後にサタンとなる元天使長で、堕天使となったルーシェル（※統一教会では「ルシファー」をこう呼ぶ）であり、「人類の始祖であるエバがそそのかされて食べた禁断の果実とは、ルーシェルとの不倫だった」と断じている。さらにエバは、アダムとも性関係を持つなどして堕落した。そして、サタンからエバ、エバからアダムへと、人類の始祖から子孫たる全人類に神に背いた悪の血統が受け継がれた。人間が罪を犯すのは、「サタンの血を引く末裔だから」と、文鮮明は説いているのです。

もちろん、こうしたことは聖書にはまったく書かれていません。そして、さらに都合がいいことに、文鮮明は自らをキリストの生まれ変わりであり、メシヤ（救世主）だと称しているのです。

世界の全財物は文鮮明のもの

小林　都合よく教義をつくっているが、その本質は「祝福」と「万物復帰」にある。両者は統一協会のカネ集めを正当化するための作り話にすぎない。
有田　信者が「祝福」を授かるには、合同結婚式に参加するために祝福献金を教団に差し出さなければなりません。統一教会の草創期には信仰と実践を評価された信者だけが祝福を受けることができましたが、その後、参加資格はどんどん緩和され、合同結婚式は大規模化の道を辿ります。このことは、参加者に課す祝福献金や祝福を受けるための合宿など、教団の主眼がカネ集めに一層シフトしていったことを如実に表している。

もう一つの教義の柱である「万物復帰」とは、「神を中心とした地上天国をつくるために、サタン側に奪われた万物（※統一教会では「万物」のなかでも特にお金が重視される）を神の側に取り戻さなければならない」という教えです。この教義もまた実に都合のいいもので、ひらたく言えば「この世の人も財産もすべては神のものであり、サタン（一般社会）のもとにあるすべてのもの（万物）を本来の所有者である神（文鮮明）に『復帰』させることは善であり、救いとなる」と説いている。

この教義が悪質なのは、カネ集めのために、統一教会であることを隠して教団に勧誘することをはじめ、霊感商法や福祉を装った詐欺募金などの犯罪行為さえも「万物復帰」のために正当化されているところです。仮に、霊感商法に手を染めた信者に犯罪の自覚があっても、教義によって「善」であり、「救い」とされているので罪悪感はむしろ減り、進んで霊感商法や詐欺的な伝道を行っているのが実情です。

２００９年に発覚した新世事件が典型ですが、霊感商法は刑事訴追され、有罪が確定しています。印鑑を販売する有限会社「新世」の社長や幹部、販売員ら７人が、東京・

渋谷駅周辺で30代から60代の女性5人を勧誘し、「先祖の因縁がある。このままでは家族が不幸になる」「印鑑を買わないと命がなくなる」などと不安を煽り、1本16万円から40万円と不当に高額な印鑑を13本売りつけ、特定商取引法違反（威迫・困惑）の疑いで警視庁公安部に逮捕されたのです。この事件では東京地裁が判決で、教団のダミー組織である新世の印鑑販売は「信仰と混然一体となったマニュアル」をもとに、これを「信仰にかなったもの」と信じて「信者を増やすことをも目的」としたものだと認定しています。

小林　わしがもっとも問題だと考えているのは、世界の統一協会のなかで、こうしたマインドコントロールによって人間の自己決定権を奪って、信者をカネ集めのための道具にしているのは、日本の統一協会だけという厳然たる事実だ。わしはこれを「集金奴隷」と名付けて、当時から「ゴーマニズム宣言」に描いて批判してきた。日本人だけが韓国の協会幹部からカネをむしり取られているわけだが、これも「かつて韓国を植民地支配したエバ国家・日本は、その償いとしてアダム国家・韓国に尽くさなければならない」という「反日教義」があるからで、愛国者・小林よしのりとしては実に許し難い！

有田　日本の統一教会は、毎年数百億円を韓国の教団本部に送ってきたと言われています。教団本部に約20年間在職し、２０１７年まで家庭教育局副局長を務めた後に教団を離れた元幹部の桜井正上氏は、毎日新聞の取材に「２０１６年から２０１７年当時、教団の献金目標額は月に24億円で、推計で毎年１００億円が韓国の本部に送金されていた」と明かしている。送金された莫大な資金は、文一族の豪奢な生活を支えるだけでなく、教団のグループ企業の運営費に充てられ、日本では政界の工作費にも使われていたのでしょう。

小林　統一協会は都合のいい教義を仕立てあげて、日本人から莫大な財産を収奪しているのだから、反日カルトであることは火を見るより明らかだ。それだけでなく、世界の王であることを自負する文鮮明は、日本の天皇までが自分に跪く存在だと本気で考えている。実にけしからん話で、統一協会は反天皇のカルト教団なんだよ。

有田　統一教会の広報局長だった副島嘉和氏は、『文藝春秋』１９８４年7月号に掲載した「これが『統一教会』の秘部だ」という記事のなかで、教団には「四大名節」という記念日に早朝5時から行う「敬礼式」という儀式があることを明かしています。驚くべきはその内容で、この儀式では統一教会幹部が日本の天皇をはじめ、各国の元首に扮して、文鮮明に拝礼することになっているという。この記事によれば当時、天皇を演じていたのは日本統一教会の久保木修己会長（1931～1998年・日本統一教会初代会長、国際勝共連合初代会長）です。

反天皇で、かつ韓国中心主義のこうした姿勢に対して、右翼民族派からの反発は当時も強かった。新右翼団体「一水会」の木村三浩書記長（当時）はこう話しています。

「私たちが統一教会を批判するのは、天皇陛下の問題はもちろんですが、日本が過去に朝鮮を侵略した誤りに付け入って韓国中心を唱えるのは独善だからです。しかも、これが文鮮明の利害のためなのだから、なおさらです。私たちは個々の統一教会員に対しては、むしろ哀れぐらいに思っています。統一教会の個々人に対してではなく、教団の教義、贖罪意識に付け込んだやり方に抗議しているのです」

戦前からの右翼の大物で、文鮮明や久保木修己会長とも親交があった畑時夫は、僕が大阪で取材したとき、文鮮明を「宗教を軸にした国際的錬金術師」と喝破《かっぱ》していました。

オウム真理教の登場で消えた統一協会

小林　わしは統一協会の問題はもう終わったと思い込んでいたんですよ。1992年から1993年にかけて大きな社会問題となり、テレビのワイドショーでは連日報道されていたので、当然、警視庁公安部や公安調査庁の厳しい監視下にあり、もはや協会は好き勝手に動けないものと高を括っていた。

その後、カルトの新宗教であるオウム真理教の動きが活発化し、統一協会に取って代わるかたちでさまざまな社会問題と起こしていく。1995年3月に地下鉄サリン事件が発生。3月には山梨県上九一色村（現・南都留郡富士河口湖町）の教団施設に大掛かりな強制捜査が入り、教祖の麻原彰晃（本名＝松本智津夫、2018年に死刑執行）をはじめ多くの幹部が逮捕された。こうした状況なので、同じカルトの統一協会は公安がしっかり見ていてくれるものとばかり思っていたんだ。ところが蓋を開けてみれば、協会はこの頃も以前と何ら変わることなく、バリバリに活動をしていたという……。そんなバカな！　と思いましたよ。

有田　地下鉄サリン事件が起きて、オウム真理教が大問題となっていたけれど、事件より前に、小林さんに対しては教団から「暗殺指令」が出ていて、実際に命を狙われていた。

小林　当時、オウム信者が仕事場の近くをうろつき始め、気がついたら尾行されるようになったんです。あのときはＶＸ（猛毒の神経剤の一種で油状の液体）で危うく殺されそうになったけど、警察の調書も読まされていたわしにすれば、人類が生成した化学物質のなかでもっとも毒性が強い生物化学兵器と説明されても、正直、現実感がなかった。

そもそもの発端は、オウム真理教が地下鉄にサリンを撒く1年前の１９９４年、坂本弁護士一家失踪事件の風化を懸念する弁護士から協力してくれないかと依頼があったんだよ。オウムは信者に全財産を寄付させて、出家を半ば強要していました。信者の家族は家を出てしまった子供を案じて、奪還しようと必死だった。そんなオウムの問題に精力的に取り組んでいた坂本堤弁護士とその妻子が、１９８９年、自宅から忽然と姿を消してしまった……。

わしは一家が暮らしていたアパートを独自に検証して、坂本弁護士が自ら蒸発する可

『週刊SPA!』
1994年11月16日号

能性などないと確信した。考えられるのは、オウムによる拉致のみ。それで当時、『週間SPA!』に連載していた「ゴー宣」に「決めつけはいかんよ」と断りつつ、拉致事件の真相を推理して漫画化したら、たちまちオウムから抗議がきたんだ。

有田　推理は正しかった（笑）。実際、坂本弁護士一家殺害事件はオウム真理教の犯行だった。

小林　そう。完全に正しかった（笑）。だが当時、オウムは1日に何度も電話をしてきては謝罪と記事の訂正を要求してくる。また、その電話がしつこくて長いんだよ（苦笑）。その後、教団幹部と何度か話し合いを持つことになった。

実は、坂本弁護士のアパートにはプルシャ（オウム真理教の紋章が刻印されたバッジ）が残されていた。オウムの犯行を証明する決定的な遺留品だが、教団の幹部は「坂本弁護士が被害者の会の親から預かったものか、第三者が故意に置いたと考えるのが自然」などと言って、「仮に、オウムの犯行だとしたらプルシャをわざわざ残しておくはずがない」と反論してきた。

オウムとの話し合いの場で、教団幹部は「プルシャは転がらない」などと主張していたので、わしはプルシャの現物を手に入れて、オウムの犯行かどうか確かめるため実際にアパートに行って検証したんです。何度も落としてみると、畳の上で跳ねたプルシャはあらぬ方向に転がるし、かなりの確率で裏側を上にして止まる。そして、アパートで遺留品として発見されたときも、プルシャは裏向きだった。オウムによる犯行だと確信したわしとの話し合いが決裂すると、今度はすぐに名誉棄損で訴えられてしまった。

有田　なんで訴えられたんですか？

小林　「ゴー宣」にプルシャやオウム真理教の宗教服まで、全部描いちゃったから（笑）。犯人はオウムだと言っているも同然の描き方だったからね。ところが、麻原彰晃はわしを裁判に訴えるより前に、すでにわしに対する暗殺指令を出していたんだ。その後も、オウムが当時導入していた省庁制の法務大臣で、顧問弁護士を務めていた青山吉伸ら、幹部との話し合いは続いていたんだけど、平行線でまったく折り合いがつかない。すると教団から電話がかかってきて、「東京・青山の教団本部に来てくれ」と言って、数人がかりで説得してくるんですよ。わしは「行ったら絶対に危ない！」「冗談じゃねえぞ!!」と思って、のらりくらりと誤魔化して教団本部には行かなかった。行っていたら、殺されていたかもしれん。この頃には、わしには尾行がついていて、オウムは暗殺を実行に移そうとしていたんだ。

有田　尾行には気づいていたんですか？

小林　気づいたよ。身辺に怪しい人間がうろつくようになり、書店で立ち読みしていると、外からずっとわしを見ているヤツがいる。店を出るとつけてきたので、街の市場に入ってグルグル路地を回り、振り切ったところで市場から道路に出て、タクシーを拾い、後ろを振り返ると、あからさまに尾行していた男が悔しがっていた。マスコミかとも思ったけど、あんな怪しい記者はいないよ（苦笑）。

自由が丘のカフェでも、薄汚い妙な服装の男が5、6人入ってきて、わしのすぐ後ろの席に座った。若い女性客が多いおしゃれな店なので、そんな男たちがいること自体が異様で、当時のわしの秘書が向かいに座ってコーヒーを飲むふりをして、連中をずっと睨みつけていたから、何もできずに店から出て行った。すごく目力の強い秘書で助かったよ（笑）。後にわかったことですが、このときの怪しい男たちはVXが入った注射器を持っていた。この頃、オウムは実際に敵対する人間をこれで殺していたから、わしも危なかった。

その直後から、仕事場の前に怪しいクルマが停まるようになり、深夜に明らかに不審な様子の男がわしを待ち伏せしていたんだよ。仕事場から帰ろうと玄関を出たとき不審者の存在に気づいたスタッフが「先生、今、外に出ちゃいけません！」とわしに電話してきた。スタッフは自販機で缶コーヒーを買ってそれを武器に戦おうと、仕事場に引き返して、その不審な男に「ここで何をしているんですか？」と声をかけると無言で立ち去ったのです。後にわかったのですが、この男は元自衛隊員で1994年に起きたVX殺人に関与することになる人物だった。

だから、もう年がら年中、オウムの尾行が付いていたわけ。

有田　そのとき、警察には言わなかったの？

小林　さすがに身の危険を感じて、玉川警察署に「怪しいヤツが仕事場の前にいて見張られている。尾行もされている」と相談したんだけど、さっぱり親身になって応えてくれない。すると、そんなやり取りを見ていた秘書が、小沢一郎衆議院議員とわしが写った写真をさりげなく見せたんです。当時、わしは「カリスマンガ聖人列伝」という対談連載をやっていて、新進党の幹事長だった小沢と対談していた（扶桑社発行『月刊パンジャ』1994年8月号）。

するると警察の態度が豹変して、わしを「先生」なんて呼び始めるなど、急にVIP待遇になったんだ（苦笑）。別室に通されて、「先生、何かあったらすぐに110番してください！」などと言う。まともに話を聞いてくれるようになったのはいいが、結局、待ち伏せや尾行の段階では警察は動けないので、「玄関から入ってきたら連絡してもらえますか」なんて言うんだよ。いや、もうそのときは殺されているよ！　不法侵入にならなければ動けないという理屈はわかるが、警察は当てにならんことがよくわかったし、わしやスタッフは命懸けでこの危機を乗り切るしかないと腹を括るしかなかった。

そんなときに地下鉄サリン事件が起きたんです。世の中は大騒ぎで、今度は目黒警察署から電話がかかってきて、わしに警備を付けると言うが、四六時中わしに張り付いていてくれるわけじゃないから仕事場はいよいよ危ない。警察もサリン事件が起きた後だから危険だと説明してくる……。いよいよ夜逃げするしかないとなって、仕方ないのでひっそりと新しい仕事場に引っ越ししたんです。

有田　そのときの仕事場は目黒だったんですか？

小林　世田谷区内で、そこから別の場所に引っ越しました。もうその頃にはオウムに強制捜査が入って、頻繁にわしに会いに来ていた青山弁護士をはじめ、教団幹部はみんな逮捕されちゃったものだから、わしが名誉毀損で訴えられた裁判にオウム側は誰も出廷してこない（笑）。結局、裁判は流れたんだけど、オウムが地下鉄サリン事件を起こさなかったら法廷での闘いは続けられ、おそらくわしは負けていたはず。客観的な証拠が何ひとつないのにオウムが犯人だと描いちゃったから司法の場では分が悪いが、彼らが自ら墓穴を掘った格好で裁判は終わった。

知識人はカルト宗教を礼賛していた

有田　当時、「ゴー宣」を連載していた『週刊ＳＰＡ！』の編集部は、オウムと戦っている小林さんを支援してくれたんですか？

小林　全然ッ！　わしが坂本弁護士一家失踪事件の犯人はオウムだと示唆する漫画を描

いたときだって、世間では「坂本事件は解決済み」「オウムの仕業ではない」という見方が大勢を占め、学者や文化人がこぞってオウムを擁護していた。

編集部はオウム擁護派の代表的な宗教学者・中沢新一とオウム真理教の麻原彰晃教祖の対談を掲載して、その記事（『週刊SPA！』1989年12月6日号「狂気がなければ宗教じゃない　オウム真理教教祖が全てを告発」）のなかで、中沢は「オウムの犯行ではない」と言い切り、同じ頃、宗教学者の島田裕巳もオウムを「子供のように純粋な宗教」と言っていた。中沢は「麻原は『おぼっちゃまくん』のようなものだ」とか、わしの作品を引き合いに出して論評したんだよ。もうムカムカするわけよ！（笑）。

島田はオウムのサティアン（※オウム真理教の宗教施設。サンスクリット語で「真理」の意）の内部にも入って、「ディズニーランドのよう」とも評していたが、ほかの宗教学者や専門家も「ポストモダンの新しい宗教」などとオウムをこぞって礼賛していた。

当時の時代背景を振り返れば、オウム真理教の前身「オウム神仙の会」が設立された1986年頃、日本では旧来の学問と一線を画するポストモダン的な潮流として「ニュー・アカデミズム」が登場して、思想家・浅田彰の『構造と力』（1983年・勁

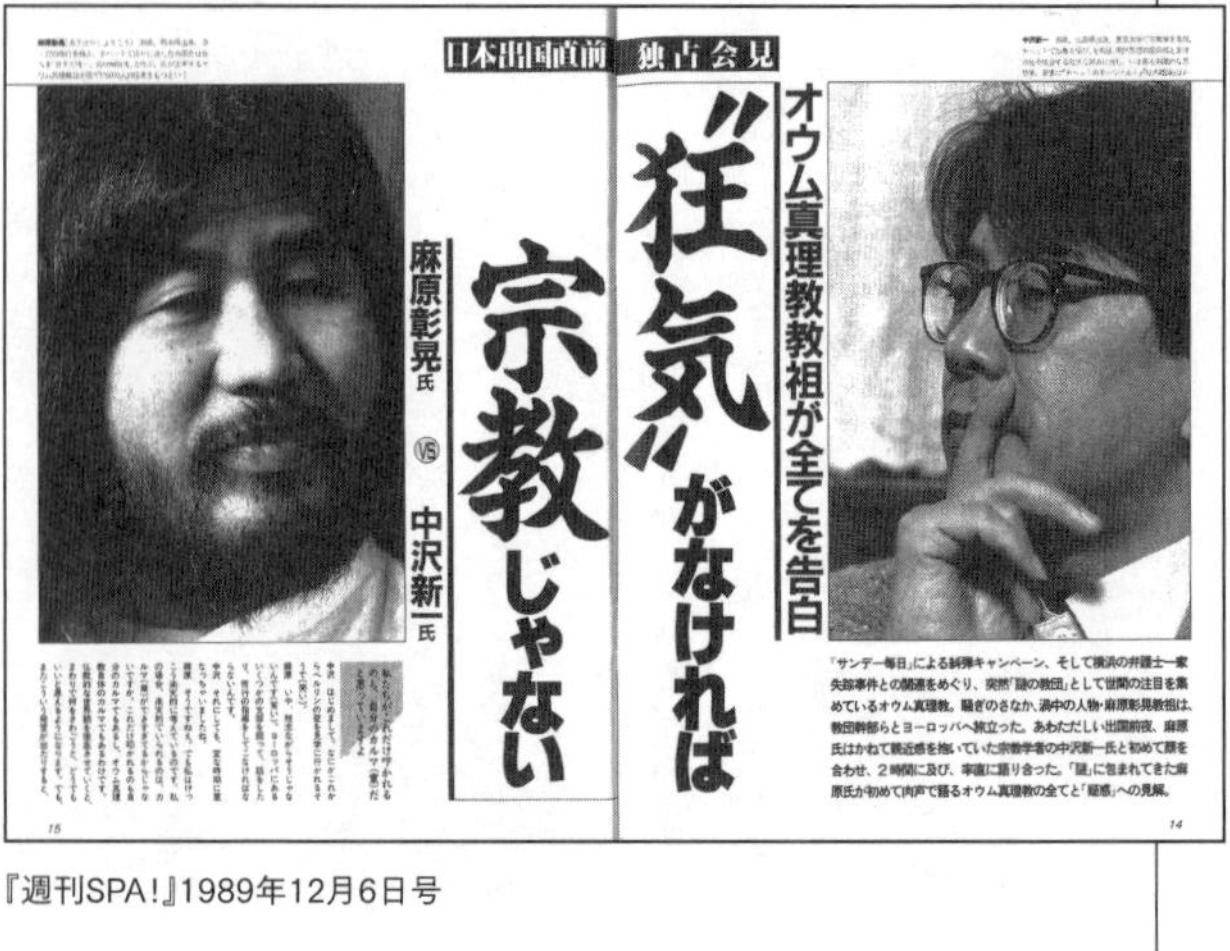

日本出国直前　独占会見

オウム真理教教祖が全てを告白

“狂気”がなければ宗教じゃない

麻原彰晃氏 VS 中沢新一氏

「サンデー毎日」による糾弾キャンペーン、そして横浜の弁護士一家失踪事件との関連をめぐり、突然「謎の教団」として世間の注目を集めているオウム真理教。騒ぎのさなか、渦中の人物・麻原彰晃教祖は、教団幹部らとヨーロッパへ旅立った。あわただしい出国前夜、麻原氏はかねて親近感を抱いていた宗教学者の中沢新一氏と初めて顔を合わせ、２時間に及び、率直に語り合った。「謎」に包まれてきた麻原氏が初めて肉声で語るオウム真理教の全てと「疑惑」への見解。

『週刊SPA!』1989年12月6日号

草書房）や中沢新一の『チベットのモーツァルト』（1983年・せりか書房）が現代思想書としては異例のベストセラーになっていた。中沢の処女作『虹の階梯－チベット密教の瞑想修行』（1981年・平河出版社）はオウムの教義のタネ本となり、麻原はそこで「ポア」という言葉を知る。「ポア」はチベット密教の言葉で、本来は人の死後、その魂をより高い世界に移し変える（転生させる）ことを意味していた。だが、オウム真理教では魂を高い世界に転生させるためには、魂の持ち主の生命を奪っても構わないという殺人を正当化する教義となり、ポアを行った弟子は功徳を積んでいることになった。そして、教団内部では「殺人」の隠語としてこの言葉は使われていた。中沢はそんなことは知る由もなかっただろうが、結果としてオウムの片棒を最初から担いでいたことになる。

ところが、こうした学者のオウム礼賛をマスコミも鵜呑みにして、オウム擁護の報道を繰り返した結果、一般人の警戒心が解かれることになったのだから罪は重いよ。一方、わしは言論界で孤立無援になり、あろうことか自分が連載する雑誌ですら、オウムを擁護するような記事ばかり……。それで、連載を引き揚げることにしたんだ。

有田　麻原裁判の傍聴に行っていたとき、オウムの幹部が中沢さんの『虹の階梯』を熱心に読んでいましたよ。ところで、それはいつ頃の話ですか？　地下鉄サリン事件の後も、『週刊ＳＰＡ！』は麻原を持ち上げていたの？

小林　「ゴー宣」の連載を終了したのは、地下鉄サリンの後ですね（『週刊ＳＰＡ！』１９９５年８月２日号）。あれほどの大事件が起きて、オウムに強制捜査が入り、教祖の麻原彰晃をはじめ幹部のほとんどが逮捕された後も、世間では「不当逮捕」とか「宗教弾圧」などと言う者もおり、「真犯人はほかにいる」なんていう陰謀論も流れていた。『週刊ＳＰＡ！』も相変わらずオウム擁護の論調だったから、わしに抗議や批判の手紙やハガキがガンガン来ていたんです。当時、『週刊ＳＰＡ！』はサブカルチャーの文脈でオウムを面白がって取り上げていた。教団の会見でスポークスマンを務め、オウムが起こした数々の事件に対して屁理屈で関与を否定した口ぶりから「ああ言えば上祐」と言われた教団幹部・上祐史浩（現・ひかりの輪代表）が一部の女性の間で人気になり、ファンクラブまで結成されたんだから、狂っているとしか言いようがない。ところが、『週刊ＳＰＡ！』は「上祐ギャル」と呼ばれた女性ファンを誌面で紹介したりしていたから、わしのところに「上祐さんはそんな人じゃない！」と抗議がたくさん来て、バッシングの嵐のなかにいたんです。

　しかも、編集長や当時SPA！に連載していたライターの宅八郎（1962〜2020年・コラムニスト、おたく評論家）もオウム擁護の記事を次々に出すから、銃弾が入った封筒がわしのもとに届いたり、完全に異常な状況だった……。当然、わしは「連載陣の看板であるわしが殺されてもいいのか？」「ふざけるんじゃねえぞ！」と怒って、連載を引き揚げたんです。わしが離れると雑誌の部数も落ちちゃったけど、それは読者のなかにもまともな人だっているわけだから、そうした人たちが離れたんだろうね。

有田　1980年代の半ば、バブルの前夜になると、オウム真理教（1987年設立）や幸福の科学（1986年設立）、法の華三法行（1980年設立）といった「新・新宗教」の動きが目立ち始めました。特に、俳優の小川知子さんや作家の景山民夫さん（1947〜1998年・作家、タレント）などが広告塔になっていた幸福の科学はすごい勢いで教勢を増していて、僕も取材で集会に行くと教祖の大川隆法が「われはエルカンターレ（※幸福の科学の本尊である地球の至高神）なり」と、神懸かったことを熱心に

『週刊SPA!』
1995年8月2日号

信者に説いている。

新・新宗教は天啓を受けたとか、神の生まれ変わりを自称するカリスマ的な教祖によって創始され、キリスト教や仏教、神道などの伝統宗教を基盤としながらもこれに新しい解釈や教義を加えて成立しているケースがほとんど。「神の生まれ変わり」を自称する文鮮明が設立した統一教会も、その意味で新・新宗教に含まれます。創価学会（1930年設立）は戦後に勢力を増し「新興宗教」とか「新宗教」とも呼ばれるが、オウムや統一教会はこれより時代的に新しいので「新・新宗教」と呼ばれるわけですね。

ポストモダン思想とカルト宗教の親和性

小林　これら新・新宗教は、スピリチュアルとかオカルティックなイメージが強いね。当時流行っていたサブカルチャーが価値相対主義に繋がっていった時代に生まれたり、教勢を増していった。

その前の1970年代までは、若者は革命によって社会を変革できると信じて、学生運動や大学闘争をやってきたけれど、暴力革命によって世の中を変える運動は完全に潰れてしまった。彼らに続く世代は運動の挫折といった感覚はないが、それでも「世の中このままでいいのか？」とか「世の中を変えたい」などと考えたときに、自分の内部・精神に革命を起こすという発想になっていくわけだ。そんな若者の前に新・新宗教が現れ、サブカルの隆盛という時代の後押しもあって、どんどん惹きつけられていった。

有田　先ほど小林さんの話にあった、宗教学者の島田裕巳さんがオウムのサティアンを「ディズニーランドのよう」と評したのも、サブカル的なものに繋がっている部分があったんですよね。オウム真理教は、「真理党」を結党して1990年の衆院選に打って出ましたが、選挙運動では麻原に似せた巨大なお面を運動員に被らせ、麻原が歌う「彰晃マーチ」などのオウムソングに合わせてアイドルのような女性信者が踊るといった奇抜な選挙戦を展開した。だが、こういったサブカル的なものに惹かれる一般人も現れたのです……。

日本を代表する言論人が激論を戦わせて一定の評価を得ていた『朝まで生テレビ』(テレビ朝日系）までが、あろうことか麻原彰晃を招いて、好き放題の発言を許していた。

オウム真理教と幸福の科学の関係者が出演した回では（1991年9月28日放送「激論！ 宗教と若者」）、両教団が対決する構図で討論に臨み、島田裕巳さんら知識人が持ち上げてオウムが圧勝していました。

小林　あの『朝生』は「幸福の科学vsオウム真理教」をテーマにしていて、知識人の大半はオウムを擁護し、幸福の科学を宗教としてレベルが低いと思わせる発言をしていたけれど、それは幸福の科学の出演者がスーツを着ていたからだよ。スーツは近代の象徴で宗教っぽくない。一方、オウムは貧相で素朴な宗教服で、反近代だから本物の宗教という論調になっていた。後に、わしがテレビディレクターだったテリー伊藤さんと対談したときも「麻原はあのわかりやすい質素な身なりだから騙せた」という話になって、「麻原にスーツを着せれば、一発で化けの皮が剥がれる！」と意見の一致をみたものだ（笑）。

有田　1991年12月にソ連が崩壊した後のロシアには、オウムの信者が約3万人もいました。それまでの価値観が崩れ去り、社会が混乱するなか、今まで触れたことのない東洋的なものへの関心もあったでしょうけれど、オウム的な新・新宗教にロシア人もまた惹かれていったわけです。それは第2次世界大戦に負けて大混乱の戦後、多くの信者を獲得していった創価学会などの新宗教に重なる。新宗教は「貧・病・争」、つまり、貧困、病気、争いの解決を目的としており、戦後、多くの宗教団体が全国各地で生まれた。時代は違えど、新・新宗教に新しい世代がサブカル的な何かを感じ取り、惹かれていったのでしょう。

オウムの場合、当時、世界的に流行していた「ニューエイジ」思想に共鳴した若者が魅せられたのは間違いないでしょう。人間の潜在能力の無限性を強調し、個人の霊性向上を目指すこの思想に関心を持った人が、麻原が〝売り〟にしていた空中浮遊に惹きつけられたのは想像に難くない。実際、僕がインタビューした教団幹部の上祐は、オウムに興味を持ったきっかけを「超能力に憧れていたから」と明かしている。これは、教祖の文鮮明を「真のお父様」、韓鶴子を「真のお母様」と信者が慕う統一教会にも繋がるのですが、上祐も「麻原はお父さんのような存在」と述懐していた。なぜお父さんなのかと問うと、あのペラペラとよく喋る上祐が黙り込んじゃって、しばらくの沈黙の後、「尊師は私が何をやらなければならないかをいつも的確に指示してくれる」と言葉を絞り出したのです。彼はまだ幼い頃、父親が家を出ていき、母子家庭で育っている。こうした成育環境も影響しているのかもしれません。

小林　そう考えると、大川隆法を「父親」のように感じる信者はいなさそうだ（笑）。

有田　そうでしょうね（笑）。先ほど、『朝生』に出演した幸福の科学の関係者が、みんなスーツを着ていたという話がありましたが、あの教団は何かの学習組織みたいな特徴があって、信者は教義を勉強して、年2回実施されるマークシート方式の昇格試験のようなものを受けるのです。そして、好成績を収めると宗教的な位が上がっていく。だから、信者もごく普通のサラリーマンのような人が多い。逆に言えば、こうした層と相性がいいのでしょう。

これに対して、統一教会には若くて真面目な女性信者が多い。彼女たちは「今の世の中は性についての倫理観が乱れており、これではいけない」と思っているから、純潔を重視する文鮮明の教えに惹かれるわけです。文鮮明の選んだ相手と罪のない結婚をすれば幸せになれると考えるのは、端的に言えば真面目だからでしょうね。新・新宗教にはそれぞれ特徴があるけれど、それぞれが現代の若者を惹きつける何かを持っているんです。

強調しておかなくてはならないのは、統一教会の信者は「真面目」だからこそ、教団の教義に盲目的に従い、霊感商法をはじめ福祉を装った詐欺まがいの募金やカンパなど犯罪的な行為に手を染めているという事実とその危険性です。統一教会の教義が、いかにいい加減で自分たちに都合よくできており、カネ集めのための教義になっているかは後に詳しく説明します。

小林　結局、時代の変革期には、必ず新しい宗教が出てくるんだよ。天理教（１８３８年設立）は江戸時代に創始されたけれど、信者を大きく増やしたのは日本が急激に近代化を遂げた明治時代のこと。大本教（１８９２年設立、正式名称は大本）も明治期に勃興し、一時は大変な教勢だった。特にこの時代は日本が一気に近代化したものだから、社会も人々の価値観も大混乱だったろう。大多数の新宗教やその後に勃興した新・新宗教は時代にマッチしていたから、教勢を拡大できたというわけだ。

ただ、幸福の科学などは極めて近代的な宗教なのに、知識人からは大して評価されず、近代性を否定したオウム真理教こそ本物だという考えが多くの宗教学者の間に広がっていったのは、当時はポストモダンの時代で、近代（モダン）の先を見るという意識が知識人には強かったからだろう。資本主義に行き詰まりを感じていた知識人は、オウムに次代の価値観を感じ取り、次々と傾斜していった。それはイデオロギーの左右とは関係なく、あの吉本隆明（1924～2012年・評論家、詩人。リベラル論壇に大きな影響を与えた）ですらそうだったたし、保守派言論人の重鎮・西部邁（1939～2018年・評論家、保守思想家、元東京大学教養学部教授）もそうなりかけていたんだよね。「（オウムを評価する側に）本当は行こうとしたけれど、パッと引き返したんだ。俺、危ういとこだったんだよ」と、後にわしに告白していた（苦笑）。

有田　仏教に精通する宗教学者の山折哲雄さん（国際日本文化研究センター名誉教授、国立歴史民俗博物館名誉教授）でさえ、オウムに惹かれてしまった。当時の知識人の多くが引きずられていったんですよね。

憲法が保障する「信教の自由」の限界

小林　知識人はオウムにかぶれて、サブカルの洗礼を受けた若者は総選挙で麻原の不気味なお面を被って踊りまくっている信者をかわいいと言う……。あれを見てかわいいと言えてしまう人と、わしみたいに不気味と言える人に分かれるんだよ。これまで何度も言ってきたように、わしは権威など信じない。だから、学者という権威も信じない。わしは自分の「常識」を信じている。

自分の感性の中心に〝常識の杭〟を打って、命綱を着けて感性を飛ばす距離がギャグになるんだ。もし〝常識の杭〟がなければ、ギャグはいたずらに飛距離が大きくなり、庶民の常識からかけ離れすぎて笑えなくなる。常識に杭を打つわしの感覚からすれば、オウムの奴らは狂っとるとしか思えない。わしは「異形」のキャラを描く漫画家と言われるが、異常じゃないんだよ。そんな自分を極めて健全な常識人だと思っている（笑）。

市井に暮らす庶民の感覚からすれば、後に無差別殺人を引き起こすあんな気持ち悪い連中が国政選挙など立候補しちゃいけないって思うし、そうしたものに対する拒否感が反射的に起きる。そういう拒否感が出てくる人と、「面白主義」で受け入れてしまう人がいるんだよな。現在も、ただ面白いからという理由で選挙に投票する有権者が、NHK党やガーシー参議院議員など常識はずれの候補ばかりを当選させている。

有田　麻原彰晃にしても、文鮮明にしても、みんな神懸りになっちゃうんですね。彼らは自分が天啓を受けた教祖だと思い込んでいる。逆に言えば、そう思い込める人じゃないと教祖にはなれない。教祖を演じるのではなく、本当に教祖だと信じているからあれだけ自信満々で教祖でいられるわけです。だから、こうした教祖に惹かれて、引きずられる人は必ず一定数出てきてしまう。彼らの教祖が言っていることがいくら荒唐無稽でも、内部からだとそうは見えない。そこがカルト宗教の恐ろしいところなんです。

カルトとは、世界有数の辞書専門出版社Oxford Languagesによれば、「特定の対象を熱狂的に崇拝したり礼賛したりすること。また、その集団。異端的宗教」と定義づけられます。

2001年、フランスで反社会的な活動を行った法人に対して解散や活動禁止、司法の監視などを命じることができる「反セクト法」（セクトはカルトと同義）が成立しましたが、このカルト対策の引き金となったのが1995年にフランス議会がまとめた「アラン・ジュスト報告書」です。この報告書はカルトの定義として、次の10項目を挙げています。

①精神の不安定化、②法外な金銭的要求、③住み慣れた生活環境からの断絶、④肉体的保全の損傷、⑤子供の囲い込み、⑥反社会的な言説、⑦公秩序の攪乱、⑧訴訟沙汰の多さ、⑨従来の経済回路からの逸脱、⑩公権力への浸透の試み――。

そして、このうち一つでも該当すればカルトだとしている。こうした定義や「アラン・ジュスト報告書」に照らし合わせれば、統一教会やオウム真理教はもちろん、幸福の科学もカルトに括られます。

幸福の科学の大川隆法総裁（教祖）は、「人間は3次元の世界に住んでいるが死後にそれぞれの悟りに応じた『次元』に行く」と説き、「これまでに9次元という世界まであることがわかっている」と言っています。また、キリストや天照大神から、ソクラテス、坂本龍馬など、さまざまな国内外の歴史上の偉人や著名人の霊が大川隆法に降臨し、彼の身体を通じて多くの「霊言」を残している。過去には、統一教会の文鮮明教祖の霊を呼び出したこともありました。一般人からすればにわかには信じられないでしょう。ただ、信者にとっては、少しもおかしくない話なんですね。

小林　閉塞感が充満する時代にあって、新しい価値観はあるのかという問いに対して吉本隆明は、オウムにはそれがあり、近代を超えると受け止めた。宗教というものは、最初に出てきたときは必ず異端であり、カルトなんですよ。草創期には葬り去られる可能性が高いので、そう簡単には排除されないよう試行錯誤している部分もあるのだろう。

１９７９年に社会問題となった「イエスの方舟」は異常ではなかった。あんなふうに社会に偏見でバッシングされる場合もある。わしは福岡の中洲まで取材に行って、主宰していた「おっちゃん」こと千石剛賢さん（１９２３〜２００１年）とも話したけど、非常に常識があって、穏健な団体だった。彼らは、１９７０年代後半から東京で聖書の勉強をしながら共同生活を送る信仰集団だったが、家出して入会していた若い女性が何人もいて、親が「娘を返せ！」と迫ったことがきっかけで問題視されるようになり、メディアでも大きく報じられた。そこで統一協会と同様のカルトと誤解されてしまったけれど、そうではなかったんだよ。東京を離れたメンバーは2年もの間、西日本各地を逃避行し、メディアは千石さんを「ハーレム教団の教祖」「娘をかどわかすペテン師」などと激しくバッシングしたが、実際は親子関係や家庭環境がよくない若い女性が「自己決定」によって参加していた。「おっちゃん」と慕われていた千石さんは、女性たちを守ろうとしていただけだったんだよ。結局、女性たちがメディアの前で自分たちの意思で参加していると表明して、騒動は収まった。

ただ、「イエスの方舟」騒動のように、社会の偏見やメディアの偏向によって宗教組織がバッシングされたことから、公権力に一定の歯止めをかけないと宗教は恣意的に排除されてしまう恐れがある。憲法で保障された信教の自由はそう簡単には侵してはいけない、というのは一面では正しい部分もあるけれど、一方で、伝統的な三大宗教を超えるような、新しい価値観を持つ新宗教が現れるかといえば、わしはまずムリだと思う。

そもそも、三大宗教の一つの仏教にしても、伝播の過程でその国々の事情に合わせて、長い時間をかけ変質していったわけです。つまり、発祥したインドや中国の仏教と日本の仏教は違うし、変容していったからこそ日本では仏教が新しい価値観を伴って広く浸透した。だから、新しい宗教が登場しても、仏教やキリスト教やイスラム教を超える新しい価値観なんて創造できないし、カルト宗教にしても今の日本社会の常識と握手できないなら、いずれは駆逐されていくでしょうね。

有田　戦前の日本が事実上の国教である国家神道を国民統制のために利用し、国家総動員体制のもと戦争に邁進していった反省から、宗教法人法ができました。ただ、この法律は、宗教団体は悪いことはしないという性善説に則っており、怪しげな宗教が出てきても対応できないのが実情でしょう。

少し話が戻るけれど、怪しげなオウム真理教に錚々たる知識人が惹かれたのは、世の中を破壊的に変革してくれるのでは、という願望があったからなのでしょうか？

小林　近代が閉塞感に覆われているという感覚はあったでしょうね。資本主義なんて今だって行き詰まっている。格差が拡大しすぎて、世界のわずか1％の人が99％の富を所有しているんだから。こうした事実を、経済的不平等を専門とし、歴史比較の観点から研究するフランスの経済学者・トマ・ピケティは、２０１３年に発表した著作『21世紀の資本』のなかで明らかにしようしたけれど、分析はできても問題解決はできないじゃないですか。現代のように思想的に行き詰まっている状況では、さっきも言ったように新しい宗教は誕生しやすいが、問題解決に繋がる新しい価値観や思想は登場しえない。それほどの価値観を提示できる宗教家などいないんですよ。

保守の劣化が教団の跋扈を許した

有田　一方、統一教会に対しては、日本の保守政治家がこぞって関係を深めていった。それは宗教団体としての統一教会ではなく、選挙活動の支援団体としての統一教会への接近だった。小林さんが言うように、保守政治家らしからぬ行動だったことは間違いないでしょう。

小林　自民党をはじめとする右派は、気に入らない人物や団体に「共産党！」と言っておけばレッテル貼りになると思っている。だから、エセ保守界隈から嫌われた結果、わしこそが保守だと自任する小林よしのりのことでさえ「共産党」呼ばわりだからね（苦笑）。つまり、彼ら右派にとって、共産党という存在は問答無用で「完全悪」なんです。ただ、わしからすればその感覚には違和感を抱かざるをえない。彼らの共産党敵視の姿勢は、思想的にマルクス主義を認めないということなのかもしれないが、それでもわしの考えとは違う。

わしは共産主義も、キリスト教も、仏教も、意義があることは認めているものの、全肯定はしない。それは、人間は「業」を消滅できないと考えるからです。中世イングランドの思想家トマス・モア（１４７８～１５３５年・法律家、人文主義者）の著書『ユートピア』のような、みんなが私有財産を持たず、自然法に従って生きる自由で平等で、戦争のない理想社会……まぁ、ほぼほぼ共産主義社会なんだけど（笑）。そんな世界は絶対に来ないという感覚を、わしは小学生の頃からウチの父親と母親が「共産主義vs仏教」の構図で議論しているなかから学んだ。（苦笑）。

チベットは中国に侵略、併合されてしまったが、当時の国家元首でチベット仏教の最高指導者であるダライ・ラマ14世は共産主義に対する警戒感が薄かった。中国に併合された当初も全人代（全国人民代表大会、中国の立法府）でチベット代表として役職に就いていたくらいだから、とてもいい国になると期待していたのかもしれない。ところが、中国の最高指導者・毛沢東（１８９３～１９７６年）に「宗教は阿片だ。宗教には二つの欠点がある。第一に民族を次第に衰えさせる。第二に国家の進歩を妨げる。チベットとモンゴルは宗教に毒されてきたのだ」と断じられ、ようやく共産主義の危険性に気づいたが、時すでに遅しでダライ・ラマは国を追われた。マルクス主義の理論体系を完成させたカール・マルクス（1818〜1883年・哲学者、歴史学者、経済学者、革命家）は、「宗教は阿片だ」と言っている。ただ、マルクスは「鎮痛剤」という意味で「阿片」という言葉を使っていた。宗教は民衆に諦めと慰めを説き、現実の不幸を改革するために人々が立ち上がるのを妨げ、社会の抑圧構造が維持されてしまう、とマルクスは説いていた。だから、宗教はダメだと唯物史観を唱えたわけだ。

　頷ける部分もあるけど、これこそ「共産主義vs仏教」の構図だからね。ウチでは両親の激論の材料でしかなかった（苦笑）。

有田　そんなにずっと喧嘩していたの？（笑）

小林　思想の話になったら、もう一巻の終わりなんですよ。ウチは実家も親戚も仏教だから、「マルクス主義を信奉している男なんかと結婚させせん！」と親父は言われていたくらいで、両親は結婚したこと自体が間違いという感じでした。けれども、わしが小学生の頃から共産主義vs仏教の戦いを家庭内で繰り広げてくれたおかげで、ずいぶんいろいろなことを考えさせられる……。いわば〝特典〟をわしは得ていたんです。

だから、さっきも言ったように、わしはマルクス主義を全否定したりはしない。可能性の一つとしてマルクス主義にまだ活路を見出そうとしている思想家の感覚は理解できる。同様に、共産党の主張や政策がすべて間違っているとも思わない。それこそ、わしが2005年に『新ゴーマニズム宣言SPECIAL 沖縄論』（小学館）を描いたとき、すべての保守系メディアは黙殺したけれど、『赤旗』（正式名称は『しんぶん赤旗』、日本共産党の機関紙）だけは取り上げてくれたしね。

有田　でも、それも調子がいい話だね（笑）。

小林　まぁ、そうなんですけど（苦笑）。わしが言いたいのは、右も左もあまりにもイデオロギーが原理主義化しちゃっていて、原理主義者同士の戦いになっているけど、そういうのが嫌いなんですよ。思想そのものを教科書的なものに頼らず、原理主義化せずに自分自身の頭ですべてを可能性として考えるのがわしのやり方だから。共産党を見たら、すなわちすべて悪みたいな直情径行というか、脊髄反射的な思考は嫌いなんだよ。

現在の勝共連合のように、とにかく「共産党＝悪」にしておけ！　自分と考えが合わない奴らは全部「共産党」！　とレッテルを貼っておけばいいという考えは、やっぱり間違っているんじゃないかな。そんな稚拙な考え方を保守の人間がしたらダメだよ、という感覚がある。保守はもっと懐が深くて、すべてを包摂するような気構えがなくっちゃ。

第3章

教団の武装化路線と権力中枢への侵略

――1968年、統一協会の教祖・文鮮明はもう一つの顔である政治団体「国際勝共連合」を本拠地・韓国で立ち上げると、日本の政界に隠然とした影響力を持つ大物右翼に接近し、日本でも国際勝共連合を設立することに成功する。これを後押ししたのが、故・安倍晋三元総理の祖父、「昭和の妖怪」・岸信介元総理だった。

時は70年安保前夜、左右のイデオロギーが激しく衝突する政治の季節。1970年に自動延長される日米安全保障条約を巡り、国内では伸長する左翼勢力の対策に自民党政権は頭を悩ませていた。岸元総理が統一協会に接近したのは、安保に反対する左翼学生に対抗するために教団の青年組織を活用したい思惑があったという。

安保闘争は反対する学生たちが敗れ、束の間の静寂が訪れるなか、統一協会は自民党の国会議員とただならぬ関係を築いていく。そして、特に深い関係となったのが安倍元総理の父で、総理総裁の椅子を目前に病に倒れた安倍晋太郎だった。

この頃、すでに日本の国家権力の中枢を侵食しつつあった統一協会は、ますます教勢を強めると同時に、ある計画に着手していた……。

自民党議員が名を連ねる「勝共推進議員」

小林　安倍元総理の銃弾事件以降、統一協会と関わりのある自民党所属の国会議員の名前が次から次へと明らかになった。名前が報じられた議員らは、「空白の30年」より前、つまり1992年当時はまだ若くて、教団の実態を知らなかったから安易に接点をもったということなのだろうか。

有田　それはちょっと考えにくいですね。文鮮明が創設した反共政治団体「国際勝共連合」は、機関紙の『思想新聞』1990年3月25日号に「勝共推進議員」と冠し105名の名簿を掲載しており、野党の民社党議員の名もあったものの、その大多数を自民党議員が占めていました。「勝共推進議員」とは、統一教会の信者が選挙運動を支援する代わりに、①統一教会の教義を学ぶため韓国で開催されるツアーに参加する、②国際勝共連合系の議員であることを認める、③統一教会を認める……といった条件を受け入れた議員たちを指します。

名簿に載る105名の国会議員は、教団との深い関係が指摘されていますが、公人として説明責任を果たしていない政治家が何人もいる。細田博之衆院議長に至っては、立法府の長であるにもかかわらずペーパー一枚を発表し、非公開で与野党議員に「説明」しただけで、事実上、沈黙を続けている。このほか名簿には、自民党の麻生太郎副総裁や森喜朗元総理、さらには安倍元総理の実父である安倍晋太郎元外相（1924〜1991年・農林相、通産相などを歴任。1991年に没）ら、自民党の大物議員の名がずらりと並んでいます。

統一教会が友好団体である国際勝共連合を通じて、こうした政治家への接近を強化し始めたのは1986年のこと。この年の7月、中曽根康弘元総理（1918〜2019年・運輸相、防衛庁長官などを歴任し、総理に就任した1982年以降、長期政権を担う）の下で行われた衆参同日選挙で、勝共連合は主に自民党や民社党に所属する150人の勝共推進議員を支援。その結果、134人を当選させたと豪語していました。さらに当選後には、一人ひとりに勝共理念の研修を受けてもらい、理解してもらったと『思想新聞』は伝えています。こうした情報は機関紙に掲載されているので当然、警視庁公安部などは確認していたはずですし、現在、教団との関係が取り沙汰されている国会議員が知らなかったというのは無理があります。

小林　統一協会が国際勝共連合を介して関係を築いた政治家は、安倍元総理の祖父、岸信介（1896～1987年・商工相、外相、自民党幹事長などを歴任。1957年に内閣総理大臣）などごく一部の政治家にとどまらず、30年以上も前から政権与党の多くの議員に食い込んでいたということか……。

有田　そうなんです。ただ、日本の戦後政治史を振り返ると、特に安倍ファミリーと勝共連合がいかに深い関係にあったかが浮かび上がる。

統一教会が文鮮明によって韓国で設立されたのが1954年。日本に1958年に上陸すると布教を始め、翌1959年に教団を設立。1964年には宗教法人として認可を受けています。

教団が政治と強い繋がりを持ち始めたのは1967年7月以降のこと。韓国大統領・朴正煕（1917～1979年・韓国大統領。1961年に軍事クーデターで国家再建最高会議議長に就任し実権を掌握。大統領在任期間は1963～1979年）の独裁政権下で、南北朝鮮の「勝共統一」がスローガンになったのは、冷戦時代において共産主義に勝つことは西側諸国では重要な政治的課題だったからです。日本においても日米安保条約が自動更新される1970年は、これを阻止しようとする左派勢力と安保体制の維持を目指す保守勢力が、真正面からぶつかり合う政治イデオロギーの決戦の年だった。

70年安保前夜、大物右翼の密議

有田　安保闘争で日本が混乱する前夜、1967年に文鮮明教祖が来日し、山梨県本栖湖畔に建つ全国モーターボート競走会連合会の厚生施設で、第1回アジア反共連盟結成準備会議が開かれます。会議の場に現れたのは、「日本の黒幕」と言われた元A級戦犯容疑者・児玉誉志夫（1911〜1984年・国家主義運動家。戦中、海軍航空本部嘱託として中国・上海に「児玉機関」を設立。調達した物資を戦後の占領期に売り捌き、莫大な利益を得る。豊富な資金を使い戦後の右翼を糾合。政財界に強い影響力を発揮した）の代理で右翼の大物、白井為雄、「右翼の首領」と呼ばれ、後に国際勝共連合名誉会長となる笹川良一（1899〜1995年・戦前は国家大衆党総裁、衆議院議員。戦後は日本船舶振興会会長)、西日本の大物右翼で民族派の重鎮・畑時夫、そして、日本統一教会初代会長で、後に国際勝共連合初代会長となる久保木修己の面々。

4人は勝共運動を日本に受け入れることで意見の一致をみる。そして1968年、日本でも国際勝共連合を設立。発起人として、安倍元総理の祖父である岸信介元総理の名も連ねていた。

つまり、統一教会と安倍ファミリーは、教団が日本で活動を始めた最初期から関係を深めていたのです。東京・渋谷の南平台にある岸元総理邸の隣に、統一教会の関連団体である高校原理研究会の研修所があったことはよく知られているし、1973年には統一教会本部で岸元総理が講演を行っています。

1974年には、帝国ホテルで開催された統一教会の晩餐会に岸元総理の娘婿で、安倍元総理の父親である安倍晋太郎元外相も出席(当時は農林政務次官)。後に総理となる福田赳夫蔵相(1905~1995年・外相、農林相を歴任。1976年に内閣総理大臣)が演壇に立ち、「アジアに偉大なる指導者現る。その名は文鮮明」と絶賛するなど盛大な催しとなった。

写真左から岸信介元総理、安倍晋三元総理、安倍晋太郎元外相
写真／共同通信社

小林　見事なまでにズブズブの関係だな。しかし、これほど前から総理経験者や後に総理になるような自民党の大物政治家が、揃いも揃って国際勝共連合や統一協会と蜜月の間柄にあったとは……。

有田　その後、1986年の中曽根康弘内閣のときに行われた衆参ダブル選挙で、自民党は大勝しました。後に詳しく話しますが、この頃に統一教会が政治に最接近していったのです。選挙戦を応援して当選した国会議員のもとへ、教団は秘書として「信者」を送り込み、政治的影響力を強めようとしていきます。実際、このダブル選挙を通じて、自民党の議員は相互依存関係を築くようになりました。

そして、統一教会は安倍晋太郎を未来の総理にすべく支援するようになる。だが、1987年に当時総理総裁だった中曽根康弘が、自民党次期総裁に当時、幹事長職にあった竹下登（1924～2000年・建設相、蔵相などを歴任後、1987年に内閣総理大臣）を指名。この「中曽根裁定」によって竹下政権が誕生します。次期総理の「最右翼」と目されていた安倍晋太郎は失意のうちに病に倒れ、総理の椅子を目前に志半ばで生涯を閉じました。

この頃、安倍晋三は父・晋太郎の秘書として、その後継者になるべく父親の政治の細部を見ていたのです。1993年に衆院議員となった安倍晋三は、霊感商法が社会問題化し悪評が纏わりついた統一教会と距離を置きたい一方で、自民党が野党に下野した2009年以降、統一協会との関係を深め、再び総理になってからは強力な選挙支援団体としての統一教会を捨て難かったのでしょう。結局、関係を断ち切れないまま、銃撃事件が起きる2022年7月8日を迎えることになったのです。

創価学会より強力な選挙支援

小林　安倍元総理に限らず、多くの国会議員は統一協会の選挙支援を得たいから、教団と関係を持ったのだろう。確かに、宗教団体の選挙支援は強力だと聞きます。公称信者数827万世帯と言われる創価学会（1930年設立）も選挙では絶大な力になるから、自民党は公明党と連立を組んでいるわけですよね。それに比べて、国内の信者数が公称56万人と言われる統一協会の選挙応援はそんなに強力なんですか？

有田　創価学会や立正佼成会（1938年設立・信者数は公称207万人）などの宗教団体の選挙支援は非常に強い印象がありますが、実のところ、一般の選挙ボランティアの範疇を超えない程度の力です。もちろん宗教の力で、一生懸命無料で働いてくれるので、政治家にとってはありがたい存在でしょう。ただ、統一教会の信者は信仰の熱量が群を抜いているので、自ずと支援も強力になる。特に統一教会には、神に仕えるために仕事や学業を辞めて1日24時間教団の活動に専念する会員（※統一教会では「献身者」と呼ぶ）が多数存在する。彼らは日頃、「珍味売り」などで朝5時から、ノルマが達成できなければ夜11時、12時まで働いてきたくらいエネルギーがあり、選挙の支援でも同じように力を注ぐわけですから、そのマンパワーは絶大です。

実際、安倍元総理のもとで総理秘書官を務めていた井上義行氏は、2019年の参議院選挙に比例区から立候補して約8万8000票で落選したが、統一教会の賛同会員になった2022年7月の参議院選挙では約16万5000票と、得票を倍増させて当選しています。ただ、井上氏が自身を「賛同会員だ」と言っているのは明らかな嘘です。投票日の4日前に埼玉で行われた信者の集会では、統一教会の韓国人幹部から「井上先生はすでにもう食口《しっく》（※統一教会では、信者のことをこう呼ぶ）になりました」と紹介されて、会場は大いに盛り上がっていました。この事実が報道されたため、井上氏は慌てて「自分は信者ではない」「賛同会員だ」などと言い訳したのです。

井上氏の当選に統一教会の信者がどの程度貢献したのか？　データを基に世論や選挙、社会問題を検討する「未来社会プロジェクト」の三春充希代表が興味深いシミュレーションを行っています。統一教会の国内信者数は公称56万人ですが、実態は10万人程度と言われており、日本の人口に占める有権者の割合に合わせると、信者の有権者は約8万人。ただ、8万人全員が選挙運動のために動けるわけではないので、仮に10分の1と仮定して8000人の信者が選挙支援を行うと仮定する。これを衆議院選挙の289の小選挙区で割ると、1選挙区当たり30人弱。

この30人という選挙支援を行う信者数は、一見、大したことがないように思えますよね。でも、街宣をやるにしても、イベントを打つにしても、30人をいつでも揃えることができるのは大きい。しかも、統一教会の信者は朝から晩まで、ポスター貼りから電話掛け、さらに敵対陣営のポスター剥がしといった違法行為まで、とにかく何から何まで目一杯動いてくれるわけです。これは選挙を戦う政治家にとっては絶大な力になります。

小林　なるほどねぇ。単純に信者の頭数を見るのではなく、少数でもいかに動くかが重要になるわけだ。

公安警察の次なるターゲット

有田　ご存じのように、統一教会は表向き「宗教団体」ですが、国際勝共連合と表裏一体であるように「政治団体」というもう一つの顔がある。さらに、韓国では多くの企業を傘下に収め、「統一グループ」という関連企業体を形成するコングロマリットなのです。壺や多宝塔、高麗人参といった霊感商法で信者に売りつける商品を卸す商社、飲料メーカー、自動車メーカー、旅行代理店、ホテル業、建設会社など幅広く事業を展開するのと同時に、教団の機関紙『世界日報』を発行する世界日報社や米国の日刊紙『ワシントン・タイムズ』などのメディアや出版社までを有している。だから、統一教会は宗教団体ではなく〝宗産複合体〟と僕は呼んでいるくらいです。

小林　オウム真理教も多くの関連企業を抱えていた。オウムは「サティアン」と呼ばれる宗教施設を建設するため、熊本県波野村（現・阿蘇市）や山梨県西八代郡上九一色村（現・富士河口湖町）に広大な土地を購入するなど、教団の財政は潤沢だった。資金源は統一協会と同様で、信者からの寄付が主だったが、同時に関連企業の売り上げも大きな収入源だった。

オウムは格安PCショップの「マハーポーシャ」を秋葉原に出店したり、コンピュータ関連事業はオーストラリアやウクライナにも進出していた。ほかにも、豚骨ラーメンチェーン「うまかろう安かろう亭」は最盛期には都内に10店舗もあったし、イタリア料理や喫茶店、スナックなども経営。気持ち悪くて食えたもんじゃないが（苦笑）、飲食業は参入のハードルが低いんだろうね。さらに、統一協会と同様にメディア企業も擁し、「オウム出版」は機関誌『ヴァジラヤーナ・サッチャ』をはじめ、布教用の漫画やアニメを制作していたほか、出版社を二つ経営していた。

オウムは1995年に地下鉄サリン事件を引き起こす前、およそ1万2000人の信者を抱えていた。関連企業の従業員は「信者」なので、修行と称して働かせていたため人件費はほぼゼロ。かなり儲けていたんじゃないか。これら以外にも不動産や人材派遣会社、ヨガ教室、家庭教師、さらにはテレクラまで経営し、ヨガ教室は信者を勧誘する窓口にもなっていた。

有田　当時、僕はジャーナリストの江川紹子さん（神奈川大学特任教授、元神奈川新聞社会部記者）と一緒に、オウム真理教を追いかけていました。1995年10月には麻原の裁判が始まるが、初公判前日の10月25日、たった一人で弁護しようとしていた私選弁護人の横山昭二（1996年に大阪弁護士会から除名処分）を麻原が解任したため、初公判期日は1996年4月24日へと延期。麻原らオウムの幹部が大多数逮捕・起訴され、この年の秋にはオウム事件の舞台は法廷に移っていました。

ちょうどその頃、警察庁と警視庁の幹部から「統一教会についてレクチャーしてほしい」と、麹町にある施設の一室に呼ばれたのです。地下鉄サリン事件や坂本弁護士一家殺害事件などの凶悪事件を次々に起こしたオウム真理教を僕はずっと追っていたので、警察庁の最高幹部や警視庁公安部の幹部と情報交換する関係ができていました。「集まっている人間がどこの誰かは聞かないでほしい」という条件を受け入れ、指定された場所を訪れると、目つきの鋭い男たちが30人くらい集まっていた。後になってわかりましたが、彼らは全国の公安幹部だったんですね。30人ほどを前に、霊感商法や詐欺募金など教団の実態について話をしました。後ほど詳細を説明しますが、1987年から1990年にかけて起きた、いわゆる「赤報隊事件」に関する疑惑についてもこのとき触れています。

1時間ほどのレクの後、幹部らと3人で食事をしながら、「今日は何の集まりだったんですか？」と聞くと、「オウムの次は統一教会を摘発する」と言う。「何から事件に入るんですか？」とさらに尋ねると「経済問題だ」と返ってきました。捜査の入り口が霊感商法なのか、教団の海外送金なのかについては明確な答えは得られなかったけれど、「カネの問題から入る」とその幹部は口にし、摘発の準備をしていることを明かしたのです。

小林　ところが、公安は動かなかった……。

有田　そう。そして、ちょうど10年後の2005年、警視庁公安部の幹部と東京・池袋の居酒屋で飲む機会があり、「何もありませんでしたね」「今だからこそ話せることを教えてください」と言うと、「政治の力があった」とだけ話してくれました。要は、動こうにも動けなくなったということです。

実際、僕が入手した捜査当局の内部資料によれば、警視庁は統一教会の捜査の重点対象を絞り込み、これをリスト化したペーパーには教団幹部の名前や住所のほか、運転免許証や前科の有無、活動歴など幅広く調べ上げた詳細な情報が記されていた。つまり、警察庁や警視庁は統一教会をオウム真理教と同様に「危険な団体」と捉えていたのです。公安が教団を摘発のターゲットにしていたのは間違いない。ところが、公安の摘発にストップが掛かった……。兵庫県のある捜査員は阪神支局の襲撃から1か月ほど経ったとき、上司から「『その捜査はやめろ』と指示があった」と証言しています。これは推測ですが、警察官僚出身の有力国会議員が動いたのではないか。

小林　映画かテレビドラマにあるような話だな……。警察の上層部か、あるいは政治家が介入してきて、怪しいカルト団体を見逃してしまう。そんなことが現実に起きていたということですね。

有田　そうなんです。その後、2007年から2010年にかけて、特定商取引法（威迫・困惑）や薬事法に違反した容疑で、警視庁公安部は教団の霊感商法を相次いで摘発。その数は13件に上りました。前にも少し触れましたが、特に２００９年には、「印鑑を買わないと命がなくなる」などと脅して印鑑を買わせたとして、教団の印鑑を販売する有限会社「新世」の社長や幹部ら７人を特定商取引法違反容疑で逮捕している。

この裁判では、新世が「（統一教会の）信仰と混然一体となっているマニュアル」をもとに霊感商法を行い、教団と会社に「相当高度な組織性が認められる」として、この社長に対して懲役２年執行猶予４年、罰金３００万円の有罪判決を言い渡しています。いわゆる「新世事件」ですね。

その後、統一教会の南東京教区事務所や渋谷教会、豪徳寺教会など、教団本体にも強制捜査が入りました。捜査が渋谷区松濤の教団本部のすぐそばまで迫り、いよいよかと思っていましたが、なぜか本部の家宅捜索は行われなかったのです……。

小林　タイミングを考えれば、「大きな力」が働いたと見るほうが自然だろうな。

有田　一連の捜査の網が徐々に狭まっていったことを見れば、警察が摘発に向けて本気で動いていたのは確かでしょう。ところが、教団本部への強制捜査は行われず、最後に関連会社に捜査が入った2010年以降、警察がノーマークのまま12年の歳月が流れてしまった……。ご存じのように、教団はいまだにとんでもないことをやり続けており、まさしく、小林さんの言うような〝ステルス侵略〟がずっと続いていたことになる。これは、1992年の合同結婚式以降、統一教会の報道が激減し今に至った「空白の30年」の間、日本が無防備に教団による侵略を許してきたということにほかならない。

小林　聞けば聞くほど、狐につままれたような話だな。

「テロ」の予兆？　統一協会の武装化計画

有田　テレビの出演オファーが一切なくなった今、僕が話をできる媒体はなくなってしまったわけだけれど、言っておきたかったことがあります。ほとんど知られていませんが、実は、統一教会はオウム真理教と同じように「武器」を製造していたのです。先ほど触れた「統一グループ」のなかに「鋭和散弾銃」という銃器製造部門を持ち、後に「統一重工業」に社名を変えて武器をつくっていた。しかもそれだけでなく、1968年にはこの会社が製造した「鋭和ＢＢＢ」（ビースリー）という空気散弾銃を、勝共連合と密接な関係にある日本の「幸世物産」（現・ハッピーワールド）という会社が２５００丁も輸入していたのです。

１９７１年3月26日、これを問題視した日本共産党の林百郎衆院議員が衆議院地方行政委員会で質問しています。林議員は「反共の右翼団体である勝共連合というのがあるのですね。これが昭和44年（１９６９年）に韓国から空気散弾銃２５００丁を輸入しました（※実際には１９６８年2月）。これに対して通産省（現・通産省）は許可を与えたのですね。これは与えたでしょう。どういう事情で許可を与えたのですか」と質しました。

通産省は、輸入貿易管理令に基づき許可を出したことを認め、許可には二つ条件があると説明。その条件とは、①武器等製造法の販売許可を得ていること、②輸出元の鋭和散弾銃と輸入元の幸世物産が輸入総代理店契約を結んでいること、と答弁し、幸世物産がこの条件を満たしていたため許可したと言っている。さらに、散弾銃２５００丁が輸入された１９６８年当時の法律（鳥獣保護及狩猟ニ関スル法律）では、空気散弾銃は猟具として禁止されていなかったと理由を付け加えたのです。

ところが、続いて答弁に立った後藤田正晴警察庁長官（1914〜2005年・警察官僚を経て政界に転身。自治相、国家公安委員長、内閣官房長官、法相、副総理などを歴任）のトーンは、ほかの省庁の官僚の受け答えとはかなり違った。少し長いですが、国会議事録から引用しますね。

〈幸世物産と勝共連合というのは極めて密接な関係がございます。ただ今、通産省からお話があったように、2500丁の空気散弾銃が輸入をせられた。私はこの空気散弾銃というものが輸入せられた経緯は、通産省として、その当時の状況でやむを得なかったと思います。

しかし問題は、こういう銃砲刀剣類所持等取締法の対象になる銃砲というものは、狩猟の用具にするとか、運動といいますか、競技の用とか、それぞれ目的が決まっているわけですね。その目的に照らしてこの空気散弾銃が果たして適正なものかという点に私どもは疑問を抱いたわけでございます。そこで農林省（現・農水省）とよくお話をいた

警察庁長官を務めていた後藤田正晴元副総理
写真／共同通信社

しまして、農林省のほうでも、この空気散弾銃は半矢《はんや》になるのですね。したがって、猟具としては不適切ということで、規則を改正していただいて、第2回目以降は輸入を禁止するということで処置をしたわけでございます〉

有田　「半矢」とは、狩猟において放った弾が鳥獣に命中はするものの、死には至っていない状態のこと。標的が熊や猪といった大型鳥獣の場合、手負いになり危険なので半矢になる銃は猟具に適さない、と後藤田長官は言っていたのです。

小林　そして、半矢であることを理由に、法改正ですでに国内の統一協会に渡ってしまった2500丁以降の輸入をできないようにしたということか。さすが、〝カミソリ後藤田〟の異名を取っただけのことはあるな。

有田　後藤田警察庁長官は、さらにこう続けます。

〈私どもとしても、したがってこういうものを放ってあるわけではないわけなんです。十分に私どもとしては、それは監視をして、そしてこの2500丁以外は今入れない、こういう処置をした。ところが、今度はこの輸入業者のほうは、猟具で駄目なら、それじゃ競技用でどうだ、こういうことを私のほうに言ってきた。しかし、今日空気散弾銃の競技というのは一体あるのか、どこにもないじゃないかということで、私どものほうとしては認めない、こういう態度で今日に至っておる。したがって、私どもとしては、この空気散弾銃を認める意思はございません〉

有田　1973年、統一教会系商社は空気散弾銃を、今度は1万5000丁も輸入しようとしたが、これは認められませんでした。

小林　狩猟用の銃として使えず、競技用として申請したが、そもそも空気銃による競技などない。じゃあ、統一協会はこの空気銃を何の目的のために輸入しようとしていたのか？　輸入を認めない政府の判断は当然だ。

殺傷能力のある空気銃を大量輸入

有田　日本政府の輸入防止策に対して、統一教会の銃器メーカー「鋭和散弾銃」は空気散弾銃の輸出を一度は諦めます。ところが今度は、単発の空気銃を製造し名前を「鋭和BBB」から「鋭和3B」に変えて、1970年から1975年にかけて1万5700丁も日本に輸入されていたのです。

小林　えーーッ!?　どうして？

有田　「鳥獣保護及狩猟ニ関スル法律」で空気散弾銃は猟具として認められず、輸入は許可されなかったのですが、単発の空気銃は所持が認められていたのです。しかも、幸世物産は目くらましのためか、「統一産業」と名前も変えて輸入していた。

この問題を追及するため、1973年に日本共産党の中路雅弘衆院議員が衆議院内閣委員会で政府に質問しています。中路議員が調査したところ、鋭和BBBは10m離れたところから厚さ2㎝の板を貫通する威力を持っていた。銃砲店によれば、これは一般的な空気銃の3倍以上と非常に強い威力だという。つまり、空気銃とはいえ、殺傷能力を有していたのです。

1973年の時点で、統一教会の信者が鋭和3Bを販売する銃砲店を全国で開業し、政府答弁によれば、この時点で統一産業の関係者が全国に8か所、鋭和3B用の射撃場をつくっていました。さらに言えば、当時、早稲田大学の原理研究会の会員学生、すなわち統一教会の信者は、韓国の教団本部に研修に行った際、山のなかで空気銃の射撃訓練を行っていたことを本人たちも認めており、空気銃を手にした写真も残っています。

由々しきことに、その後の1975年、教団の関連会社「統一産業」が銃砲販売を専門とする子会社「アングス」を設立し、信者が経営にあたる35の直営店をつくったのです。そして、約1万丁の単発散弾銃を輸入すると、主に信者向けに販売されていた……。これらの事実から浮かび上がるのは、教団はビジネスとして散弾銃を輸入していたとは言い難く、当初から信者に武器を供給することを目的としていたのではないかという大きな疑念です。

このように昔から統一教会は宗教とはとても言えないような活動をしていた団体であり、そうした性格は現在も続いているのです。

小林　これじゃ、やってることはオウムと大して変わらんじゃないか！　1980年代末、オウム真理教は「日本シャンバラ化計画」と称して理想郷の建設を目指していた。日本を麻原彰晃が頂点に君臨する「政教一致」の独裁国家につくり変えるというバカげた構想を本気で考えていたのだ。

有田　統一教会が神の名の下に「地上天国」を建設し、その王に教祖の文鮮明が君臨することを目指しているのと同じですね。

小林　カルトというのは似たようなことを考えるものなんだなぁ。その後、前にも触れたようにオウム真理教は政治団体「真理党」を結成して、1990年2月の総選挙に麻原をはじめ25人の幹部信者が立候補したが、当然、全員が落選の憂き目を見ることになる。さらに、同年5月にオウム真理教は熊本県阿蘇郡波野村に進出。地元住民による激しい反対運動に遭ったことで、国土計画法違反容疑で熊本県警の強制捜査も入り、総勢8人の逮捕者を出しました。

これら一連の出来事を、教団は国家権力による宗教弾圧と受け止めた。そして、教団が生き残り、勢力を維持・拡大するためには国家権力を打倒するしかないと考え、大きく舵を切ったのが武装化路線だった。

1994年までに猛毒のサリンやわしを狙ったVXの製造・実用化に漕ぎつけ、同年には松本サリン事件を引き起こす。一方で、精密機器会社を乗っ取り、旧ソ連が開発した自動小銃AK47を製造しようとした。このために教団幹部はロシアに渡ると政府高官とパイプを築いて、AK47の実物を入手し、さらにはMi－17ヘリコプターを購入。この頃には、光学兵器などの開発にも乗り出し、サリン製造プラントも建設していた。こうして武装化を着々と進めたオウムは、1995年に地下鉄サリン事件を実行したのです。世界で初めて化学兵器が使用されたこのテロ事件では、乗客や駅員など14人が死亡し、約6300人が負傷する未曾有の被害を生み出すことになる。

有田　統一教会はオウムより20年も前にこうしたことを企て、その体質は今も温存されていると見ています。僕からすれば統一教会は「宗教団体」などではなく、文鮮明の野望を実現するために軍事組織まで持つようになった「私的な実力組織」なんです。実際、米国の連邦議会は半世紀近く前に、統一教会を「文鮮明機関」と認定して、その危険性を把握していました。

１９７８年11月1日、連邦議会の下院国際関係委員会国際機構小委員会（議長はドナルド・M・フレイザー下院議員、通称「フレイザー委員会」）は、統一教会の対米工作などについて最終報告書を公表しています。その報告書のなかで、文鮮明を頂点とする統一教会を「文鮮明機関」と規定。さらに報告書は、統一教会と韓国政府、韓国中央情報部（略称：ＫＣＩＡ＝現・国家情報院。１９６１年に朴正熙が設立）が密接な関係にあり、教団の関連企業が韓国の軍需産業の一翼を担ってライフル銃や対空砲の部品生産を行い、第三国へ輸出する工作さえしようとしたと指摘している。

集金奴隷、工作員と化す信者

有田　統一教会と僕の最初の接点は、京都で浪人生活をしていた10代の頃、１９７１年まで遡ります。河原町に「駸々堂《しんしんどう》」という古い本屋があり、よく通っていたのですが、そこに行く道すがら若い女性と目が合って声をかけられたんです。それが統一教会の女性信者でした。彼女に話をしようと誘われたけれどその日は時間がなかったので、数日後、市内の喫茶店で夜の7時に会うと、「もう第3次世界大戦は始まっている」といった類いの話が4時間以上も続いた（苦笑）。要は、僕を統一教会に入信させようとしていたんですね。もちろん、入るわけはないけれど、それでもその女性はすごくいい人だったのを覚えています。

その後、僕は出版社に入社して、1978年に行われた京都府知事選の最終日、選挙戦の様子を見に街に出たんです。府知事選は革新陣営から前京都大学教授で憲法学者の杉村敏正さんが、日本共産党の推薦を受けて立候補。最終日なので人の多い四条河原町で演説する準備をしていたところ、そこに国際勝共連合やこれと表裏一体である統一教会の男女が「共産府政は許さない！」と書いたゼッケンをつけて、杉村候補の到着を今や遅しと血相を変えて待っている。もう、目なんか血走っているわけです。そんなところでは演説できないから、杉村陣営は三条のほうへ場所を移して街頭演説を始めて、僕がそこで聞いていると、遠くから聞こえていた罵声がだんだんと大きくなってくる。声のほうを振り向くと、ザーッと勝共連合や統一教会の信者たちがやって来て杉村候補の演説を妨害し始めたんです。

一部始終を見ていて、僕のなかでは優しい印象の統一教会の信者が、いざ共産主義に打ち勝とうと対峙した途端、暴力的に豹変することを知りました。このときに感じた恐ろしさは、僕が統一教会について考えるときの原点になっている。

小林　オウム真理教が社会問題化していた頃、わしもオウムの信者たちを「純粋まっすぐ君」と呼んでいたんですよ。信者一人ひとりは本当にいい人なんだよね。悪意がなさすぎるくらい善良な市民だった。

有田　うんうん。そうでしょうね。

小林　わしの実家は真言宗の寺で、統一協会に入信してしまった親戚の叔母さんは家族のなかでも一番信仰心が篤かった。もう純粋すぎるくらいにね。だから、統一協会のようなカルト宗教にまんまと騙されてしまう……。

現在では、仏教の僧侶をはじめ、宗教者がどこまで真剣に自分たちが信仰する宗教に向き合っているかはわからんけれど、多くは生活のために職業として宗教者をやっているような状態なのは否めんでしょう。そんな宗教者では、信者や自分の子供に対して本当の信仰というものを教えることができない。要は、俗に塗れてしまっている。

親戚の叔母さんは非常に真面目な人で、自ら進んで滝行までしていた。それほど純粋で信仰心の篤い人だったからこそハマってしまった。逆に言えば、統一協会にハマる人たちは真面目でいい人なんです。だが、いい人ではあるけれど、彼らは教団に命じられれば武器を手に取って国家権力と戦う危険性を孕んでいるのが問題なんだよ。オウムと一緒です。オウム信者もいい人が多かったけれど、結局、地下鉄にサリンを撒いちゃったんだから。そこが難しいところなんですよ。いい人たちだからといって、彼らを庇ってばかりはいられないわけだ。

統一協会の教義は「後にサタンとなる堕天使ルーシェルとエバが不倫を犯し、神に背いた悪の血統がアダムを経て全人類すべてに受け継がれた。だから、すべての人類はサタンである」と説いている。そして、「神はイエスに人間の娘をめとらせて原罪のない子孫を残す計画だったが果たせなかったため、『再臨主』（文鮮明）を遣わした」と主張しているわけです。もちろん聖書にはこんなことは一文字も書かれていない。聖書を教典とすると言いながら、文鮮明にむちゃくちゃ都合のいい教義になっている（苦笑）。

さらに、教義は「韓国は『アダム国家』で日本は『エバ国家』であり、アダムを堕落させたエバの日本が韓国に奉仕するのは当然である」と続く。
わしは統一協会が社会問題化した30年前、信者を「集金奴隷」と名づけたが、日本人の信者がせっせと韓国に莫大なカネを貢ぐ根拠がこの教義なんだ。信者はいい人たちだからこんなバカげた教義を真に受けて信じてしまうのだろうが、やはり人は、教団の言うところの「サタン」を飼い慣らすくらいの適度な「悪意」を持ち合わせていないと、いとも簡単に教団にコントロールされてしまう……。信者はいい人で、真面目であるがゆえに、同時に危うさも孕んでいる。

有田　僕もオウム真理教や統一教会の元信者に数多く会ってきたけれど、本当に素直ないい人たちだからこそ、信じた教えに基づいて悪いことでもやってしまう。現在も統一教会の信者が勉強している教義解説書『原理講論』には、先ほど小林さんが指摘したように、「日本は代々天照大神を崇拝してきた全体主義国家で、サタンの側である」と書いてある。それを信じた日本人の信者たちは、「日本はサタンの側のエバ国家だから、アダム国家である韓国の教祖である文鮮明教祖夫妻のために自分たちが頑張ろう」と考えるわけです。

統一教会の特徴の一つは、国際勝共連合と事実上、一体化した組織であるということ。だから、「統一原理」の教えを信者に注入するのと同時に、最初期の段階から信者に共産主義に打ち勝たなければならないと教える。さらに、「戦前の日本は韓国に植民地支配という悪事を働いたのだから、これを償わなければならない」とも諭し、信者はこの教えに従って、しゃかりきになって献金にのめり込んでいくのです。

小林　真面目だから一心不乱にカネを貢いでしまうというわけだ。だが、統一協会の信者はその真面目さゆえに、教団のためなら犯罪まがいのこともやってしまう危うさも抱えている。

2018年、北朝鮮と米国の緊張が高まるなか、平昌冬季五輪が開催されたが、米朝間で戦争が勃発する可能性がかつてないほど大きくなっていた。そのとき話題になったのが「スリーパーセル」だ。北朝鮮の特殊工作員が日本や韓国の大都市に一般市民を装って潜伏していて、有事の際には独自に破壊活動を行うという。

国際政治学者の三浦瑠麗がかつて出演していたテレビのワイドショー番組で、「テロリスト分子がいるわけですよ。それがソウルでも、東京でも、もちろん大阪でも。今ちょっと大阪やばいって言われていて」と発言したことで、在日韓国・朝鮮人への差別を煽ったと大炎上した。

わしは、差別の入り交じった言説をそのまま信じることなどできんよ。百歩譲って、訓練されて本国から送り込まれた工作員なら、命令されれば一斉蜂起するかもしれん。だが、ふつうの在日の人々は基本的に日本で暮らし、日本の知人や友人と交流し、日本の新聞やテレビを見ているわけだから、仮に一朝有事になったとしても、いきなり日本に対して猛烈な敵意を抱いて攻撃してくるなんてことは正直考えられない。

ただ、自分の叔母さんを見ていて、統一協会の信者が完全にマインドコントロール下にあることを知っているわしにすれば、教団から指令が出たらどんなことでもやりかねんとも思う。だからこそ、30年前から警戒すべきは統一協会だと、わしは考えていたんだ。今、有田さんから「武器まで輸入している」という話を聞いて、やはり警戒しなければいかん！　と思いを新たにしたところだよ。

有田　まさに、オウムの信者はそうでした。

小林　オウム真理教の教祖だった麻原は、1990年の総選挙で「真理党」の候補者全員が落選した後、幹部信者に「国家転覆を目指す」と明かしていた。つまり、「革命」を起こそうとしていたわけだ。これに対して、統一協会は韓国で生まれた外国勢力であり、彼らがやろうとしていることは「侵略」にほかならない。

統一協会が〝ステルス侵略〟をまさに進行中という現状を前に、わしは思い至ったんだよ。信者になってしまったわしの叔母の様子を見ていると、「日本は過去に韓国に悪いことをしてきたんだから、韓国の言うことを聞かなきゃいけない」と、教団の教えを骨の髄まで刷り込まれている。そのときわしが案じたのは、「ここまで信じきっていたら、工作員として使われてしまうんじゃないか？」という疑念だった。教団から命令が下れば、おそらく善悪の見境なく突き進んでしまう……と。

「赤報隊事件」に見え隠れする教団の影

有田　1987年5月3日の憲法記念日の夜、家でＮＨＫを観ていたら臨時ニュースが飛び込んできました。

朝日新聞阪神支局が襲われたという第一報でした。2階の編集室に入ってきた男がいきなり散弾銃をぶっ放して、小尻知博記者（当時29歳）が殺害され、犬飼兵衛記者（当時42歳）は右手の小指と薬指を吹き飛ばされる重傷を負った。5月6日、共同通信と時事通信に「赤報隊一同」と名乗る犯行声明が届き、1月に朝日新聞東京本社を銃撃したことを明らかにするとともに、「すべての朝日社員に死刑を言いわたす」「反日分子には極刑あるのみである」と宣告した。いわゆる「赤報隊事件」です。

その後も事件は続きます。9月24日には、朝日新聞名古屋本社の単身者の寮「新出来寮」がまたも散弾銃で銃撃され、このときの犯行声明には「反日朝日は五十年前にかえれ」と朝日新聞への敵意が記されていました。この後も、朝日新聞静岡支局に爆発物を仕掛けるなど、赤報隊事件は1990年まで続いたが、犯人は検挙されず2003年までに一連のすべての事件の公訴時効が成立しています。

送りつけられた8通の犯行声明を見ると、「反日分子」「反日マスコミ」「反日企業」など、「反日」という言葉が19か所も出てくる。また、「反日朝日は戦前に戻れ」と、太平洋戦争前や戦中にプロパガンダで協力していた『朝日新聞』に立ち返れと要求してお

1987年5月3日、朝日新聞阪神支局襲撃事件
写真／共同通信社

り、犯行声明のこうした部分だけに着目した警察は、犯人を右翼、あるいは新右翼による犯行の可能性が高いと見て捜査していました。ただ、実は同時に、警察は別の「線」も見ていた……。それが、統一教会と国際勝共連合です。

小林　ええっ!?　どういうことですか？

有田　朝日新聞阪神支局が襲撃された1987年当時、『朝日新聞』や『朝日ジャーナル』は霊感商法を追及するキャンペーンを張り、毎週のように統一教会の実態を暴く記事を出していたんです。これに対する統一教会の抗議がいかに激烈で犯罪的なものであったかは先に述べた通りですが、教団側は『朝日新聞』を批判する大量のビラを駅前で撒いたりして、両者はこのときすでに戦争状態に突入していたと言っていい。

阪神支局が襲撃された3日後の5月6日午前、朝日新聞東京本社に散弾銃の使用済みの薬莢2個と脅迫状が同封された封筒が届きます。そして、脅迫状には「とういつきょうかいの　わるくちをいうやつは　みなごろしだ」と書かれていた。そのうえ、同封された薬莢は阪神支局銃撃で使われたのと同じレミントン社製で、口径も散弾の大きさも同じものだったのです。実際の犯行に使用された銃弾は米国製で、脅迫状といっしょに届いたのは日本国内でライセンス生産されたものでした。とはいえ、これだけでも赤報隊と統一教会を結びつける有力な証拠と言えるでしょう。

さらに重要なのは、阪神支局の銃撃で使われた弾丸がレミントン社製の銃弾と報道されるより前に、この脅迫状が投函されていた事実です。つまり、犯人、あるいは犯人の関係者でなければ、脅迫状にこの薬莢を同封することはできなかった。しかも、消印は東京の渋谷局。統一教会の本部がある場所です。

小林　少なくとも、統一協会の関与を疑うに足る重要な証拠であることは間違いない。

有田　仮に、統一教会による凶行だったとして、犯行の動機が教団にはいくつもあります。同年2月に霊感商法被害救済担当弁護士連絡会（被害弁連）が結成され、5月には全国から300人の弁護士が集まり、全国霊感商法対策弁護士連絡会（全国弁連）も立ち上げられました。これにより常設の事務所を持つ法律の専門家が、日常的に統一教会について情報発信を行うようになったのです。いわば霊感商法への包囲網が初めてできたようなもので、1987年は統一教会の歴史のなかで、霊感商法などの商売がもっともできない年となっていた。そんな折に赤報隊事件が発生したのです。こうした状況を踏まえれば、警察が右翼とともに統一教会をマークするのは、ある意味、自然なことだったと言える。

なぜ、ここまで言い切れるのかというと、僕が警視庁公安部の捜査資料を持っているからです。驚くことに、「統一協会重点対象一覧表」と名づけられた資料の中身は統一教会の信者52人の名簿だった。本籍、現住所、勤務先などが記され、名簿のなかの最重要と目される人物のところには「勝共」「非合法」「軍事組織」と書いてある。さらに、これらの人物のいくつか下に並んだ人物の欄には「元自衛隊員」「統一教会軍事組織」と捜査機関が認定しているんです。このリストに載っていたある信者の欄には、「統一教会軍事組織所属」「山の中で射撃訓練」とまで書いてある。警視庁公安部が言うところの「統一教会軍事組織所属」の信者たちは、輸入された空気散弾銃を所持しているか、あるいは空気散弾銃が禁輸になった後も輸入され続けた単発の空気銃を所持しているのではないか……。僕はそう睨んでいます。

ここで重要なのは、統一教会の信者の名簿が、赤報隊事件の捜査資料だったという事実です。捜査当局は明らかに、テロを行うような凶暴性とこれを実行する軍事組織を備えた団体として統一教会を見ていた。2500丁もの空気散弾銃が輸入された1968年は、70年安保闘争の前夜であるという時代背景も見逃せません。当時は左翼が勢力を拡大し、1970年に迫った日米安保条約の更新を前にして、政権与党だった自民党をはじめとする日本の保守勢力は対策に頭を悩ませていた。反共を旗印にする国際勝共連合は、左翼勢力を抑え込むにはうってつけの存在だった。保守勢力にとって利用価値が高かったのは事実でしょう。勝共連合と表裏一体の存在である統一教会が、日本に対して〝ステルス侵略〟を続けているのは間違いないが、こうした野心を持った古くからある組織であることを忘れてはならない。

そして、5月3日に阪神支局襲撃事件が起きた後、5月30日には文鮮明教祖が韓国にあるリトルエンジェルス芸術会館でこんな意味深な発言をしています。

「『おい、コイツら、私の言うとおりにしろ。これから攻撃だ』と言って『朝日新聞』と『読売新聞』を攻撃するように言いました。攻撃戦が起こるというのです。そのときを知っているのです。それでぴったり！」

小林　これは統一協会の問題のまさに核心だよ！　本来なら、こうした核心的事実であればテレビでも言わなければいけないはず。でも、テレビは言わせないでしょ？　今、話したことをテレビで言える？

有田　いや、先ほども言いましたが、この話をする前に統一教会に訴えられてしまったんで（苦笑）。それと同時にテレビから出演のオファーが一切なくなったから、核心を語るにも発言の場がないのです。統一教会問題を語るうえで一番の核心部分なのに……。ただ、この極秘捜査資料の紹介と分析はメルマガ「有田芳生の『酔醒漫録』」に詳しく書いたので、ぜひご覧ください。

価値相対主義に染まった教団擁護論

有田　新型コロナは海外でも分断を引き起こしました。米国では大統領選挙の最中だったこともあり、右派の陰謀論者集団「Qアノン」が、「コロナの感染が拡大していると いうデマを民主党が流し、経済を停滞させることで大統領選を有利に進めようとしている」「コロナなど存在しない」といったデマを流布し、これを信じたトランプ大統領（当時）の支持者と、民主党支持者を中心とするリベラル勢力との分断が一層広がった。コロナのパンデミック（世界的大流行）のようなこれまで経験のない世界的な出来事が起きると、陰謀論が蔓延りやすいのでしょう。

小林　わしはバカげた陰謀論には与しない。ただ、ワクチンを4回接種した岸田文雄総理も、5回も打った新型コロナ対策分科会の尾身茂会長も、それぞれ感染した。それにもかかわらず、国はワクチン接種を今も推し進めている。ワクチン推進派は「ワクチンは感染を防止するものではなく、重症化を予防するものだ」と強弁し、「接種のリスクよりベネフィットのほうが遥かに大きい」などといまだに言っているが、不幸にもリスクを負わされて亡くなった人の立場はどうなるんだ！

『コロナ論』シリーズでパンデミック当初から、政府の対応を徹底的に批判していたわしのところには、ワクチンの副反応で重大な後遺症を負った人が訪ねてくるんです。接種後に半身不随になって、ずっとリハビリを続けている人が杖をついて「ようやく小林先生にお目にかかることができました」とやってくる。そんな人を何人も実際にこの目で見ていると、ワクチンが原因としか思えんのよ。そして、頭をよぎったのは、「これは、薬害エイズと同じようになる日が来るかもしれない……」という直感だった。またしても国家権力は弱者を切り捨てようとしている。わしはそういう権力が大嫌いなんですよ。そういう意味で反権力の立場だが、同時にわしは、国家は必要だとも考えている。一般的には「国家＝権力」だろうから、反権力なのに「国家は必要」だとするわしの考えはなかなか理解してもらえない。わしは「反権力のナショナリスト」と言える。

逆に、統一協会はどこからどう見ても問題だらけのカルトなのに、あまつさえ教団を擁護したりする人さえいる……。花田紀凱が編集長を務める『月刊Ｈａｎａｄａ』は統一協会こそが雑誌の重要な購買層になっているから、教団擁護のスタンスを取るのはよくわかる。また、国際政治学者の三浦瑠麗は、夫が経営する会社に詐欺の疑いで東京地検特捜部の家宅捜索が入り、夫の弁護人を務めるのが統一協会の顧問弁護士だから、いよいよ教団を擁護するのもよくわかる（三浦氏が代表を務めるシンクタンクのリリースによると、その後、批判を受け当該弁護士は担当を外れたとされる）。そもそも、安倍元総理が統一協会を権力中枢に招き入れた張本人であり、花田は安倍シンパだし、三浦も非常に安倍に近かった。つまり、政界にも、言論界にも、統一協会のシンジケートができあがっちゃっているんだよ。

このように人それぞれに個別の理由はあるものの、背景に価値相対主義があるのは明らかだ。日本では1980年代前半、思想哲学のポストモダンが流行り、価値相対主義が広まって以降、絶対的な悪は存在しないという考えが知識人にも浸透してしまった。それで、どう見ても問題だらけの統一協会に対してでさえ、真正面から悪いものは悪いと言えなくなってしまったというわけだ。そして、ついには「どんな人にもどんなことにも悪い面はある」というようなことを言い始めた。でも、そんな考えが罷り通ったら、いじめが起きても「いじめられるほうにも問題がある」ということになってしまう。

実際、ジャーナリストの伊藤詩織さんが「同意なく性交に及んだ」として元TBSテレビワシントン支局長・山口敬之氏を民事訴訟で訴えた件では（最高裁は山口氏が「同意なく性行為に及んだ」と認定）、伊藤さんは「泥酔するほうが悪い！」「ハニートラップではないか？」などと、ネットで激しい誹謗中傷を受けた……。

だから、やっぱり善悪二元論というのは否定してはいけない。絶対的な悪は存在する。ゆえに、絶対的な被害者も存在する。ならば、これは助けなきゃならん。絶対悪による被害者を救おうとしないで、何が保守だ！　日本のエセ保守の連中はいったい何を保守するつもりなんだ？　わしには奴らが権力のみを保守しているようにしか思えん。権力を保守して国家を滅ぼすのがネトウヨ化したエセ保守なんだ。

有田　小林さんが指摘したポストモダンの価値相対主義では、ウクライナ戦争に際しても「ロシアもウクライナも悪い」という〝どっちもどっち論〟が一部で幅を利かせ、その結果、戦場で苦しんでいる被害者たちの存在は消し去られた。きっと小林さんの考え方の根底には、マルクス主義者のお父さんの影響もあるんじゃないかな。僕も両親が日本共産党員で、親父（元全日本自治団体労働組合中央執行委員で労働運動家の有田光雄氏）は今93歳ですが、現在も現役の党員です。僕は18歳のときに、有名な理論家で後に日本共産党副委員長になる上田耕一郎さん（1927～2008年・元参議院議員、元日本共産党中央委員会名誉役員。議長だった不破哲三は実弟）の論文を読んで、深く感動して入党しました。20年間で組織を排除されて除籍になりましたが、もっとも大きな影響を受けた上田さんがいつも言っていたのが「理論と現実があって両者が合わなかったときには、躊躇することなく現実を選べ」という言葉です。

理論が現実に追いついていなかったり、間違っていたりすることはままあるし、彼の言っていたことは正しい。これはマルクス主義に限った話ではなく、やはり現実が一番大事なんです。薬害エイズやオウム真理教の問題、北朝鮮の拉致問題、そして今、問題になっている統一教会にしても、そこに苦しんでいる人がいるなら躊躇することなく彼らの立場に寄り添い、何ができるかを考えて行動しなければいけない。

小林 そう。苦しんでいる人たちがいるなら、思想やイデオロギーを超えて救うために行動するべきなんだよ。自分たちの立場や主義に拘泥して、手を差し伸べないなどという選択肢はありえない！

有田 小林さんは反権力という立場からこれまで多くの社会問題に焦点を当て、「ゴーマニズム宣言」を武器に世の中と戦ってきて、今は統一教会とまさに戦っているところです。小林さんのそうした行動を恐れる人たちもやはりいて、統一教会もそうだけれども、「ゴー宣」で問題だと取り上げられた側からすれば、当然、小林さんは攻撃の対象になってきます。

小林 もう右からも左からも十字砲火を受けているよ（苦笑）。

第4章
山上徹也は〝テロリスト〟なのか？

――安倍晋三元総理を狙った銃撃事件では、逮捕された山上徹也の生育環境が明らかになるにつれ、背後に浮かび上がってきたのは統一協会の陰だった。山上容疑者の母親が熱心な統一協会の信者で、それまで1億円を超える献金を教団に行い、その結果、家庭が崩壊していたのだ。母親によって人生をめちゃくちゃにされた山上は、次第に母親を搾取し続けた統一協会に深い憎悪と敵意を抱くようになっていく。

選挙期間中に起きた総理経大臣験者の「暗殺」という前代未聞の事件を巡っては、民主主義に対する重大な挑戦であり、「テロリスト」の所業を許してはならない、と厳罰を求める声が上がる一方で、山上の置かれた悲惨な境遇から同情や共感を抱く人も多く、現在収監されている拘置所には300万円を超える現金や衣服、食料品などが全国から送られているという。

山上を突き動かした怒りは筆舌に尽くしがたかったかもしれない。だが、なぜその矛先が教団ではなく安倍氏に向かったのか？　統一協会と安倍氏を繋ぐ接点とは……。

統一協会に破壊された山上徹也の半生

小林　安倍元総理の銃撃事件では、山上徹也という42歳の容疑者に注目が集まった。彼を凶行に走らせた動機は、母親から献金という名目で1億円を超えるカネを収奪した統一協会に対する恨みがあると見られています。有田さんはこの容疑者をどう見ていますか。

有田　幼少期の山上は母親をとても好いていたようですね……。ところが後々、一家を不幸に陥れる転機が訪れてしまう。1991年、彼が11歳のときに母親が統一教会に入ってしまったのです。

山上の母方の祖父は奈良県庁の職員で、定年前に退職し建設会社を立ち上げ、これが軌道に乗り、母親は裕福な暮らしを送っていたといいます。彼女は県内有数の進学校である県立奈良高校に進み、その後、入学した大阪市立大学生活科学部では食物学科で栄養科学や土壌細菌の研究をしていた。卒業後は神戸市の小学校に栄養士として勤務。1978年には、後に結婚することになる男性が祖父の会社に入社する。これが山上の父

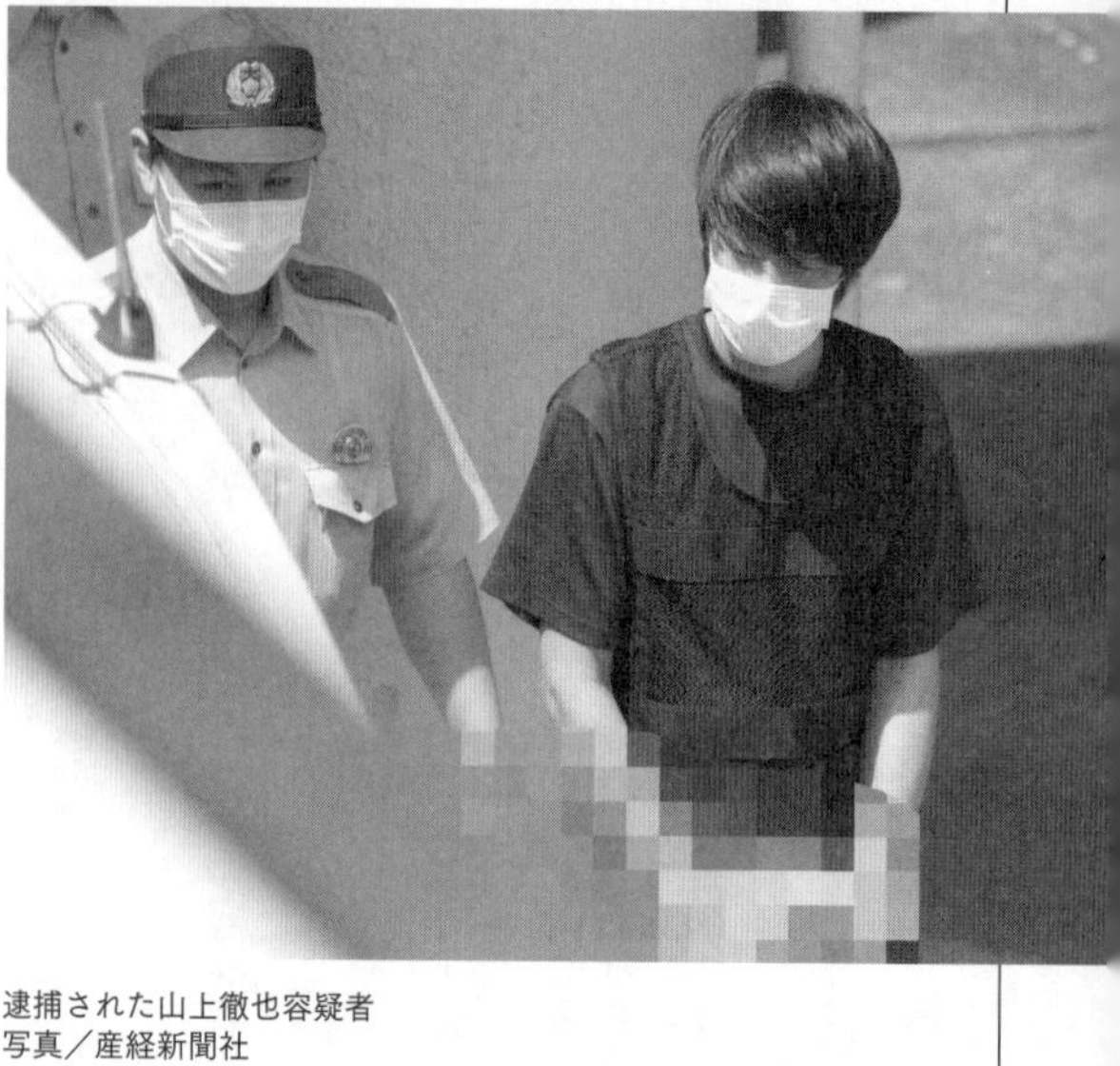

逮捕された山上徹也容疑者
写真／産経新聞社

親というわけですが、彼は京都大学工学部を卒業したエリートで、民間企業で土質の技術士として働いていた。この頃、母親とお見合いをして結婚し、翌年には長男（山上の兄）を授かり、1980年に山上が生まれる。親戚の話によれば、この頃はとても幸せそうな家庭だったらしい。

ところが、1984年に父親がアルコール依存症になったうえ、過労に加えてうつ病を患い、32歳の若さで飛び降り自殺をしてしまう。祖父の会社ではトンネル工事の現場監督を任されていたが、もともと学者を志すほど真面目な人だっただけに、工事の受注を巡り裏金が飛び交う業界体質にひとり思い悩んでいたという。

実は、これより3年前の1981年、山上の母は白血病で母親を失っていました。彼女にとって精神的な支柱だった母親の喪失はかなり堪えたようだったと親族が語っています。

さらに悪いことは重なる。山上の兄は生まれてすぐにリンパ腫があることがわかり、その後、抗がん剤の副作用で片目を失明していたが、1990年頃、脳に転移して頭蓋骨を開頭する大手術を受けている……。立て続けに家族に不幸に見舞われ、この頃から母親は徐々に宗教に傾倒していったのです。

小林　母親はずいぶん大変だったんだな。すごく同情するけど、そういう不幸な境遇にいて、しかも大金を持っている人を狙い撃ちするように統一協会は近づくんだよ。教団からすれば格好の獲物だったんだろう。

有田　決定的だったのが、山上が中学2年生だった1994年、自殺した父親の生命保険金6000万円を全額、母親が統一教会に献金していたことが明らかになったことでした。山上は当時の状況をTwitterに「オレが14歳のとき、家族は破綻を迎えた」と書き残しています。当然、山上家の暮らし向きは貧困を窮めました。母親が教団の活動でほとんど家におらず、山上と4歳年下の妹はいつも空腹を抱えて、近所に食べものをもらいにいって何とか飢えをしのいでいたという。さらに、そのわずか2年後の1996年には、母親はまたもや献金のために、家族が暮らす自宅を売却してしまう。この悲惨な出来事について、山上は「全ての原因は25年前(九六年)だと言わせてもらう。なぁ、統一教会よ」と、この時点で教団をすべての元凶と考えるに至ったことをツイートしています。

この頃、父親譲りだったのか、勉強ができた山上は奈良県内でも有数の進学校に通っており、理数系が得意だったといいます。そして、先々は同志社大学に進みたいと考えていた。だが、1998年、母親が祖父名義の土地を断りもなく売ってしまい、得たお金を教団に献金してしまう。山上はTwitterに「（祖父が）包丁を持ちだした」と記しているが、祖父が娘（山上の母親）に「脱会しろ！」と怒り狂ってケンカになったのでしょう。2か月後にはこの祖父が死去。経営していた建設会社を母親が引き継ぎ、今度は会社の事務所を売却すると、その代金も献金してしまうのです。こうして母親はどんどん信仰にのめり込んでいき、2002年には自己破産に至っている。高校生だった山上は大学進学を諦めて、1999年に消防士を目指して公務員試験のための専門学校に入学していますが、山上家に学費など支払えるわけもなく、叔父が学費の75万円を援助しました。

小林　山上の母親は、まさに「集金奴隷」だな……。

有田　その後、2002年に山上は海上自衛隊の佐世保教育隊に入隊。広島県内にある基地の実習部隊に配属された。母親が破産した後の2005年には、障害のある兄とまだ幼い妹の行く末を案じ、ベンジン50㎖を飲んで自殺を図ります。自分が契約した生命保険の受取人を母親から兄に変えていたので、本気だったのでしょう。ところが、息子が自殺を図ったというのに、母親は韓国で統一教会の「40日修練」（※正式名称は「清平40日特別修練会」。ヨガや祈禱、原理講義など行う）を受けており、自殺未遂の報を受けても駆けつけることはなかった。後に山上は海上自衛隊の聴取に「統一教会によって人生と家族がめちゃくちゃになった」と説明し、叔父には「自分が死ねば、経済的に困窮している兄妹に死亡保険金を残せると思った」と明かしています。

何の因果か、生き延びてしまった山上は、ただ統一教会への敵意を研ぎ澄ましながら生きてきたのではないか。

小林　壮絶で悲惨な半生だな……。

安倍元総理が狙われた決定的理由

有田　恨みを募らせた山上は統一教会の教祖・文鮮明の妻で、現在、総裁を務める韓鶴子を狙うようになった。実際、火炎瓶で襲撃しようと、２０１９年に愛知県で開催された教団関連のイベントを訪れたが、会場に入れず断念。その後も狙い続けるが、コロナ禍の入国制限によって韓鶴子は来日できなくなってしまう。日本が新型コロナの第2波に見舞われた２０２０年の夏には、「今年はおそらく鶴子は来ないだろう。それはオレにとって吉か凶か」と意味深長なツイートをしています。

小林　韓鶴子の襲撃を諦めかけていたのはわかるが、なぜ標的を安倍元総理に変えたのだろうか？

有田　山上がターゲットを変更したきっかけは、２０２２年春に彼が見たインターネットの動画です。２０２１年9月12日に韓国で行われた韓鶴子が総裁を務める「天宙平和連合」（略称は「ＵＰＦ」）のイベントに、安倍元総理の送ったビデオメッセージが流れたことが決め手となった。ＵＰＦは、２００５年に文鮮明と韓鶴子が米ニューヨークで設立した国際ＮＧＯ（非政府組織）で、事実上、統一教会と一体化した組織と言っていいでしょう。

一方、山上は統一教会を日本で広げたのが安倍氏の祖父の岸信介元総理であることを

PeacelinkTV
LIVE
努力されてきた韓鶴子総裁をはじめ
皆様に敬意を表します

安倍晋三元総理のビデオメッセージ
写真／Peacelink TV

理解していたようです。実際、犯行前日に岡山県のある人物に出した手紙では、こう書いています。

〈苦々しくは思っていましたが、安倍は本来の敵ではないのです。あくまでも現実世界で最も影響力のある統一教会シンパの一人に過ぎません。文一族を皆殺しにしたくとも、私にはそれが不可能な事は分っています〉

ところが、安倍元総理はＵＰＦに寄せたメッセージのなかで、こともあろうに山上が狙っていた韓鶴子を高く評価したうえで、家庭を重視するＵＰＦの理念を持ち上げ、こう語りました。

「今日に至るまでＵＰＦとともに世界各地の紛争の解決、とりわけ朝鮮半島の平和的統一に向けて努力されてきた韓鶴子総裁をはじめ、皆さまに敬意を表します」

「ＵＰＦの平和ビジョンにおいて、家庭の価値を強調する点を高く評価いたします」

統一教会によって家庭を崩壊させられた山上にとって、教団を大絶賛する安倍元総理のスピーチは理不尽このうえないものに映ったことは想像に難くない。特に「家庭の価値を強調する点を高く評価」するという言葉は、とてもではないが受け入れられなかった。そして、山上はキレたわけです。

この時点で、山上はそれまでの韓鶴子総裁から安倍元総理にターゲットを変更したと見て間違いない。そして、夜な夜な自宅マンションにこもって、独学で銃の製造を始めます。金属製の筒やバッテリーなどの部品や工具をネット通販で買い揃え、ＹｏｕＴｕｂｅの動画を参考に試行錯誤を重ねていくのです。そして7月8日、山上は安倍元総理に手製の銃を向け、引き金を引いてしまう。

これが大まかな安倍元総理銃撃事件が起こるまでの経緯ですが、やはり犯行の動機は統一教会なのです。

山上容疑者に寄せられた共感と同情

有田　国会議員を12年間やってきて、先ほど小林さんが薬害エイズ事件について指摘した「国というのは本当に謝らない」というのは実感として大きく頷くところです。国会の委員会の質問で、政府に明らかに誤りや落ち度があったとしても絶対に謝らない。謝罪めいたことは一切言わない。こうした姿勢を一向に改めることなく、やりすごしてここまできてしまった。

厚生省に糞尿をぶちまけないと国は変わらないかもしれない、という小林さんの切羽詰まった思いに似た感情を、かつて統一教会に対して抱いた人がいます。統一教会の合同結婚式が韓国で行われ、その異様さに日本中が大騒ぎになっていた頃、当時、かなりの人気を博していたタレントの飯干景子さんが教団に入信しそうになった話は前にしました。このとき、娘の脱会を宣言した父親で、作家の飯干晃一さんが「有田君、統一教会の本部にバズーカ砲を撃ち込んでやろうか」と言い始めたんです。

先ほど、小林さんは「西部（邁）さんは大砲をどこで仕入れるんだ？」と言ったけれど、飯干さんは『読売新聞』の記者出身で社会部の副編集長にまでなっていたのに、現場に出られないからという理由で会社を辞めて作家に転身。緻密な取材とエンターテインメント性溢れる筆致で、当時、広島で繰り広げられていた暴力団の抗争を描いた『山口組三代目』(1970年・徳間書店)を上梓したのを皮切りに、後に映画化されて大ヒットした『仁義なき戦い』(1973年・サンケイ新聞出版局)や『日本の首領』(1977年・光文社)など数多くのベストセラーを手がけた。日本最大の勢力を誇る広域暴力団「山口組」の幹部への取材をずっと続けてきたので、「そっちのルートでバズーカ砲くらい手に入るから、ちょっと本部をやってみようか」と言ってたんですよ。何を言いたいのかといえば、大きな刺激や衝撃を与えない限り、日本という国は動かないということです。

小林　テロと紙一重だな(笑)。でも、わしにはその気持ちがわかる。あまりにも動かない国家に対して憤懣やるかたなく、激情を抱くとそんなふうに考えるもの。何か大きなことをしなければ！　と考えちゃうんだよなぁ。

有田　慎重な言い方をしなければならないし、殺人やテロを礼賛するつもりは毛頭ないことを断っておきますが、安倍元総理を暗殺した山上徹也という42歳の男にも通じるところがあるのかもしれない。

小林　わしだって同じことをやっちゃうかもしれない。わしが子供の頃に、もしわしの親が統一協会に入って、山上と同じような家庭環境になるほど追い込まれたら、彼と同じことを考えるだろう。それくらいに気持ちは理解できる。

有田　山上に対するそうした同情や共感を抱く人は、小林さんだけではないんですよ。彼が勾留されている大阪拘置所には、大量の差し入れが全国から届いている。現金書留のほか、食料品や菓子類、それに衣類。これから寒くなるので冬服も多いらしい。書籍もたくさん送られている。今はオンラインで拘置所への差し入れができるサービスがあるようですね。現金は少なくとも300万円以上が差し入れられている。食料品や衣服なども拘置所に納まりきらないほどの量になり、菓子類などが段ボール箱に詰められ山上の叔父の家に何度も転送されたけれど、その転送分だけで叔父の家の倉庫が二ついっぱいになったといいます。

また、オンライン署名サイト「Change.org」では「山上徹也容疑者の減刑を求める署名」が呼びかけられ、2023年初めには1万3000筆が集まった。SNSやChange.orgに寄せられた一般の声を集約すると、「やったことは許されることではないけれど、山上は人生のうち30年余りを悲惨な状態に追い込まれて生きてきた被害者だ」という受け止めがほとんど。そのほか、「減刑どころか無罪でいい」という主張もありました。

小林　そうなるのも、わからなくはない。まぁ、こんなことをわしが言うと「テロを擁護している！」などと、また文句を言われてしまうが（苦笑）。

山上を〝テロリスト〟に仕立てあげたい言論人

有田　確かに、事件直後は安倍元総理への銃撃を「民主主義への挑戦！」などと十把一絡げに「テロ」と非難する声が巻き起こりました。ただ、その一方で統一教会と関係を持った政治家が、反社会的な活動を行う教団を野放しにしていたのも事実です。その結果、莫大な献金を強要されて家庭が崩壊したり、家族が自殺に追い込まれたりするようなケースが相次ぎました。山上が安倍元総理の銃撃という実力行使に出なかったら、統一教会の問題が国民に広く知られることもなかったでしょう。こうしたことから、SNSでは山上を「山上烈士」「真の愛国者」などと称賛する声も上がったくらいです。

小林　総理経験者の暗殺という戦後初めての事件に対して、世論の反応は非常に大きいものだったが、「テロはいけない！」という一点のみで脊髄反射のごとく、ただただ断罪するものがほとんどだったと言っていい。特に、リベラルの言論人は「テロはいけない！」の大合唱で、まるで思考停止したかのようだった……。

評論家の東浩紀は『AERA』（朝日新聞出版）2022年8月8日号の巻頭エッセイ「eyes」で、「自民党と旧統一教会の関係は、これを機に徹底的に解明すべきだろう」「大前提として、宗教法人を隠れ蓑にした犯罪行為は許されない。親の信仰で苦しむ児童は社会で保護すべきだ。必要な対処が多額の献金や選挙協力により歪められていたとしたらとんでもない話である」と断ったうえで、こう書いている。

「ネットや一部メディアで容疑者に理解を示す声が聞こえるのも心配だ。戦前でもテロリストに同情が集まった。それは敗戦に至る暗い歴史を準備した」

でも、そもそも山上のやったことは「テロ」で、山上は「テロリスト」なのか？

テロリズムとは、ある政治的目的を達成するために、敵対する当事者や、さらには無関係な一般市民や建造物などを攻撃し、これによって生じる心理的威圧や恐怖心を通して、譲歩や抑圧などを強いる行為だ。

山上は逮捕された直後から警察の聴取に「政治的意図はない」と明言している。それはそうだろう。先ほど有田さんが言ったように、山上の標的はあくまでも統一協会とこれを率いる韓鶴子総裁であり、安倍元総理を「敵対する当事者」として銃撃したのではなく、韓鶴子への銃撃を諦めざるをえなくなったから標的が安倍氏に変わったにすぎない。要するに、「テロ」でも何でもなく、統一協会に家庭を壊され、人生をめちゃくちゃにされた「私憤」による復讐だったんだよ。もっと言えば、山上は事件を起こすことで社会に影響を与えようとする意図などさらさらなかった。だから、この事件を自分ごととして恐怖心を抱いた一般人などいるわけがない。

ところが東は、こう強調する。

「私たちはまずはテロを断固許さないという決意を繰り返し表明し続けるべきである」

テロではない山上の行動に対して「テロは断固許さない」って、バカなのか？　それとも、どうしても山上を「テロリスト」に仕立てあげなければいけない理由でもあるのだろうか？

有田　おっしゃるように、山上を「テロリスト」認定することで、殺された安倍元総理の評価が急上昇し、国葬儀まで行われることになった。国葬の是非はここでは措《お》くとしても、「テロはいけない！」という論調がもっと支配的になっていたら、統一教会の問題に今ほど焦点が当たることはなかったでしょう。その意味では、銃撃事件を「テロ」と見做すことは、論点ずらしの効果があったはずです。そもそも、山上は統一教会トップの韓鶴子を狙っていたのだから。

今までどこも報じていませんが、山上は1回目の引き金を引くときに「カンツルコ」と口にしたといいます。韓鶴子総裁の名前を出して安倍元総理を撃ったのです。これは、奈良で捜査関係者に聞いた話です。

小林　国際政治学者の三浦瑠麗などは、銃撃事件の矮小化に躍起になっている。2022年8月26日の『朝まで生テレビ！』では、「統一協会で何を今さら騒いでいるんですか、みんな知っていたことでしょ。私はこの問題に興味ありません」「すごい献金していて困窮していても、多くの家族は山上みたいに殺人していない！」などと言い放っている。まぁ、先ほども言ったように、夫の詐欺疑惑事件の弁護士が統一協会の弁護士だから、どっちみち三浦は統一協会側に回ることになっていたわけだが。

さらに、同年10月29日、YouTubeチャンネル「日経テレ東大学」の「【三浦瑠麗】旧統一教会や安倍元総理の国葬問題…『政治と宗教』本質的な議論ナシ！偏った報道に物申す！」と題した動画に出演すると、「今回はある意味、虐待家庭に育った青年がテロリストになっちゃったケース」「どうしようもない母親の行動によって傷ついた青年を、もうちょっと誰かが救ってあげるべきだったんじゃないのって話」「たくさんあった財産がなくなったっていうのは、これはそんなに同情すべきか……っていうのはあって。1億円の資産がある人なんてそんなにいないですから、競馬でスッたって同じ」「統一教会なら救ってあげて、そうじゃない競馬（でスッた家庭）なら救わないって法はないでしょう……っていう議論ができないっていうことは、結局、本質には関心がない」などと、めちゃくちゃなことを言っていた。

東と同様に、三浦は何が何でも山上を「テロリスト」にしなければならない理由でもあるのか？　要は、山上の銃撃はあくまでも個別の事案であって、統一協会とそれに連なる自民党は関係がないと言いたいのだろう。そもそも、山上に同情したり、差し入れをした人たちは、三浦が言うように「たくさんあった財産がなくなった」から同情したわけじゃない。

有田　三浦さんの発言には無理があるし、乱暴ですね。山上を「虐待家庭に育った青年」「どうしようもない母親の行動によって傷ついた青年」と印象づけて、ミスリードを誘う意図が透けて見える。

「テロ＝悪」なのか？　テロリズムの多様性

小林　言論人や知識人と言われる彼ら・彼女らは「テロリズム」って簡単に言うけれど、テロリズムにもいろいろなケースがあるんだよ。テロリズムの由来は、フランス革命期のジャコバン派の恐怖支配（1793～1794年）にあるという。フランス革命の後半、革命家マクシミリアン・ロベスピエール（1758～1794年・政治家）らジャコバン派は、反革命派の策謀や外国の干渉から革命を防衛するためとの口実で、反対派を厳しく粛清した。これ以後、支配体制側が反対勢力を抑圧・弾圧する「白色テロリズム」（反動的テロリズム）や、逆に反体制側が体制側に対して攻撃する「赤色テロリズム」（革命的テロリズム）、さらには「白色」「赤色」の双方がテロを応酬するなど、いろいろな種類のテロリズムが存在するとされる。

いわば、テロリズムには多様性があったわけです。それが「テロリズム＝絶対悪」に変わったのは、2001年の米国同時多発テロが契機。ニューヨークの世界貿易センタービルやペンタゴン（米国防総省）に、テロリストがハイジャックした民間旅客機が突っ込み、甚大な犠牲者を出した。テロを起こしたイスラム原理主義組織「アルカイダ」に対して、米国は「テロとの戦い」を宣言し、指導者のオサマ・ビン・ラディン（1957～2011年・サウジアラビア出身のイスラム過激派テロリスト）が潜伏するアフガニスタンに戦争を仕掛けたわけだが、これ以降、米国のプロパガンダを妄信した日本の知識人は、「テロは断固許さない」ことを第一の教義とする〝統一原理〟にしちゃったんだ。

　山上の銃撃以降、東が「テロリストに同情したら、民主主義が壊れる」と主張したように、多くの国会議員が与野党問わず「テロに屈したら、民主主義が終わる」などと言い始めた。だが、そんなことにはならないことを歴史が証明している。

　韓国が日本に併合されていた１９０９年、韓国統監府初代統監の伊藤博文（１８４１〜１９０９年・初代内閣総理大臣、貴族院議長、枢密院議長などを歴任）を暗殺した韓国の民族主義者の安重根（１８７９〜１９１０年・韓国の革命運動家、テロリスト。伊藤博文の暗殺後に逮捕され処刑）は国の英雄となったが、今も韓国は民主主義国家だ。

有田　その伊藤博文も、若い頃は尊王攘夷派のテロリストだった。実際、１８６２年（文久2年）、国学者の塙忠宝が孝明天皇を廃位するために廃帝の調査をしているという誤った噂が流れ、これを真に受けた伊藤は「そんなことに手を貸すとはけしからん！」と激怒。同志の山尾庸三とともに塙を暗殺してしまった。つまり、伊藤博文は殺人者であり、テロリストだが、伊藤はその後、日本の初代総理大臣になっているのです。

小林　そもそも、英雄とテロリストは紙一重で、見る人によってどちらにでもなるような存在です。南アフリカ初の黒人大統領となったネルソン・マンデラ（1918～2013年・政治家、弁護士。人種隔離政策アパルトヘイトの撤廃に尽力し、1993年にノーベル平和賞受賞）は、若い頃に長い間、テロリストとして投獄されていたし、パレスチナ解放機構（PLO）のアラファト議長（1929～2004年・パレスチナ解放機構第3代議長、パレスチナ国初代大統領）だって、PLOの軍事組織ファタハのテロ実行部隊「黒い9月」（ブラックセプテンバー）がテロを行い、多くのイスラエル人を殺害しているが、その後、国連にオブザーバー参加することが認められた。フィデル・カストロ（1926～2016年・革命家、社会主義者。1959年にキューバ革命を成功させ最高指導者）とともにキューバ革命を実現させたチェ・ゲバラ（1928～1967年・アルゼンチン出身の革命家。1967年、ボリビアでゲリラ活動中に同国政府軍に捕らえられ処刑）にしても英雄視する声もあれば、テロリストという見方もある。ただ、確かなのは「テロリストに同情したら、民主主義が壊れる」などという話は、世界を見渡せばまったく成立しないという事実だ。

当然ですが、テロにもいろんなケースがあるわけで、同情できないテロもあれば、同情できるテロもある。こうしたことを、学校の勉強ばかりしてきた日本の言論人はわかっていないんだよ。むしろ、市井に生きる一般庶民のほうが、テロにも多種多様な背景があり、テロリストにもそれぞれ事情があることを皮膚感覚でわかっている。だから、山上のケースのように、同情できるテロもあるという柔軟な思考ができるというわけだ。

有田　同情やある種の共感を抱いた人も多いでしょうね。そうでなければ、山上に全国から大量の差し入れが送られたこの現象を説明できません。

小林　テロリストにも言い分があるわけです。1960年、東京・日比谷公会堂で開かれた自民、社会、民社の3党党首の演説会で、演説中の日本社会党・浅沼稲次郎委員長（1898～1960年・衆院議員、日本社会党書記長を歴任）を刺殺した17歳の右翼少年・山口二矢《おとや》（1943～1960年・元日本愛国党党員。逮捕後に「後悔はしていないが償いはする」と話し、東京少年鑑別所内で縊死）にしても、資料や関連書籍を読むとめちゃめちゃ頭がよくて驚かされる。つまり、単なる暴力のための暴力ではなく、きちんとした言い分がある。だから、テロは問答無用で全否定というのは、わしはどうかな、と思うんだ。やむをえない、どうにもならない理由を抱えている場合だってあるわけです。

翻って、統一協会に家族と人生を壊された山上の場合、彼の事情や言い分がわかりすぎるほどわかってしまう。仮に、山上が私憤からではなく、安倍氏と統一協会の関係を暴き、自民党に打撃を与えてやろうという目的のために、テロという確信を持って犯行に及んでいたとしても同情できることに変わりはない。むしろ、反日カルトに〝ステルス侵略〟を受け続けている日本を救った国士だと評価できただろう。

東のような学校秀才の類いは、「テロリストの主張に耳を傾けるな！　テロリストの思う壺だ！」などと批判するだろうけれど、山上を「テロリスト」認定して一番喜ぶのは統一協会なんだよ！　彼らはそういうことにまったく気づいていない！

宗教2世、3世の悲劇を生む合同結婚式

有田　安倍銃撃事件以降、統一教会についての講演がすごく増えたんです。それこそ、北は北海道から南は沖縄まで、全国からお呼びがかかる。講演では山上徹也の人生、そ

して山上の母親の人生を、時間をかけて丁寧に話すと、埼玉の聴衆のなかにいた40代くらいの女性は目にハンカチを当てていました。こうした光景は決して珍しいものではなく、神奈川県や鹿児島県の会場では「山上さんを助けてあげてください」と声をかけられました。

小林さんが指摘したように、今回の事件を山上家に起きた「個別のケース」として矮小化する識者もいるが、そんなことはまったくない。ほかにももっとひどいケースが山ほどあるわけです。なかには3億円とか、5億円を献金させられて破産した信者もいる。お金がなくてもカードローンで借金させられて自ら破産した家族はいっぱいある。表に出ていないだけです。

こうしたひどいことを30年前から今に至るまで続けているのが統一教会という組織なのです。安倍元総理銃撃事件の本質はまさにこの一点に尽きます。

小林　30年を経た今、新たに噴出したのが2世信者の問題です。わしと有田さんが初めて会った頃は、信者の子供の問題まではちょっと想像できなかった。両親が統一協会の信者という家庭の子供、いわゆる「祝福2世」は統一協会が存在しなかったら自分は生まれてこなかったと考える。自分の存在理由が根幹から崩壊する恐れがある……。特に精神的にこたえるだろうし、何とか支えてあげないといけない。

有田 現在、すでに「3世信者」まで誕生しているので、当然ですが、年月の経過とともに状況はどんどん悪化する……。

教団幹部の父を持つある男性信者は、幼い頃から連れていかれた教会で「祝福2世」の女性を好きになった。ただ、この男性は親に連れられて仕方なく教会に通っているだけで、本当は嫌でしょうがない。一方、彼が好きになった女性は信仰に熱心な母親の影響も手伝って、合同結婚式で「祝福」を受けないと地獄に落ちると頑なに信じているんです。彼は彼女と結婚したいけれど、2人で教団を脱会して結婚するという選択肢はないという。結局、追い込まれたこの男性は「彼女と一緒になるには、もう合同結婚式に出るしかない」と、望まない祝福を受けるというんです。

この男性に限らず、こうした不幸が「宗教2世」には付きまとう。先頃、韓国の統一教会を取材で訪れたときも、同じような2世信者に会いました。14歳のときに入信した女性の娘で、わずか5歳のときから「合同結婚式に出ろ」「出なければ地獄に落ちる」と、母親から10年以上言われ続けたといいます。

先ほど述べた男性信者に聞いたところによると、1000人近い2世信者が同じような理由で苦しんでいるという。統一教会への献金や霊感商法を問題視する人は多いけれど、みんなこの視点が抜け落ちている。

小林　そんな新たな問題が起きているとは……。驚きました。ただ、気になるのは男性信者が「彼女と一緒になるには、もう合同結婚式に出るしかない」と言っているけれど、そもそも合同結婚式は文鮮明が結婚相手を選ぶんですよね？　よほどのくじ運がないと、いくら式に参加したところで、お目当ての女性と一緒になることは不可能なんじゃないですか。

有田　おっしゃる通りです（笑）。実は、合同結婚式の様式も、始まった当初に比べると大分様変わりしてきました。そもそも結婚相手をどう決めるかというと、結婚式の前に「婚約式」が行われます。そこで文鮮明が「相対者《そうたいしゃ》」と教団内部で呼ばれる結婚相手を選ぶ。広い講堂に男性信者と女性信者が向かい合って立ち、その間を文鮮明が歩いて、それぞれの結婚相手を指名していく。婚約式までに合同結婚式に参加する信者のさまざまな個人情報が文鮮明に伝えてあり、1992年から1995年頃までは、教祖自らが7代前の先祖まで遡って悪い因縁がないか霊視して選んでいたといいます。まぁ、大変な手間がかかるので、本当にやっていたかは疑わしいのですが。

デタラメ極まる合同結婚式の実態

有田　特に、1988年の合同結婚式はかなりいい加減で、無責任なものでした。ある女性信者は、結婚式の後に日本にやってきた韓国の統一教会の幹部から、文鮮明がどうやって結婚相手を選んでいるかを聞いたといいます。その女性信者によると、合同結婚式に参加する韓国の男性がずらりと並び、傍らのテーブルの上には日本から送られてきた結婚を希望する女性の写真がうずたかく積み上げられ、その写真を文鮮明が鷲掴みにして男性たちに向かってばら撒くというのです。こうして〝選ばれた〟女性の写真を手にした韓国人男性の写真を撮り、カップルが決められていく。

こう明かした教団幹部は「このような選び方で大丈夫かなと心配していたけれど、決まったカップルを見るとみんなうまくやっているので安心した。お父様（文鮮明）は『〝写真祝福〟（※統一教会では合同結婚式を「祝福」と呼ぶため「写真」によるマッチングという意味）はいいよ。文句を言わないから。これからはすべて〝写真祝福〟にする』と言っていました」と、結婚相手を決めるときの様子を克明に話しています。

小林　本当にいい加減だなぁ。2世信者が自分のルーツとなる両親がこんなテキトーなやり方で結婚したのを知ったら、さぞショックだろう。2世信者も気の毒だが、こんなやり方では結婚したカップルもうまくいくわけがない。

有田　そうなりますよね。1988年の合同結婚式では、日本人信者に相対者の韓国人の名前と年齢が伝えられたのは式の直前で、1週間から3日前にFAXで送られたといいます。いい加減な「祝福」だから、「みんなうまくやっている」どころか、この合同結婚式に参加した日本人女性は、その後、福岡や名古屋、京都などで婚姻無効を訴えて訴訟を提起しています。ある女性信者は「相手に初めて会ったとき、嫌なタイプだったのでショックだった。でも、お父様が選んでくださった相手だから」と、すぐに思考回路を切り替えて相手の顔や性格のことは考えないようにしていたという……。

ところが最近は、教団のマッチングアプリで結婚相手を選ぶようになったんですよ。もちろん、このアプリは信者しか使うことはできません。2世信者の問題が注目されているけれど、信者の親がアプリで自分の子供の相手にふさわしい人を選んで、そこから縁談が進んでいくんです。さらに、昔と違って、今は縁談相手を断ることもできるようになった。昔なら「お父様」が選んだ相手を断ることは「悪」にほかならず、信者は嫌な相手でも我慢して結婚生活を維持していたものです。

小林　妙なところだけ近代化しているな（苦笑）。このマッチングアプリを使えば、お互い気に入って、交際している男女が結婚できるの？

有田　一定程度の自由恋愛は許されているんです。もちろん、信者同士でなければダメで、入信していない一般人とは結婚できません。だから、先ほど「彼女と一緒になるには、もう合同結婚式に出るしかない」と悩んでいた男性も、お目当ての女性とカップル成立となる可能性は十分あります。

統一教会の合同結婚式に参加するにはいくつか条件が設けられており、「統一教会の合同結婚式」というパンフレットには以下のことが書かれています。

（1）統一教会の教会員であること。
統一教会の教理解説書である『原理講論』の内容を、セミナーまたはビデオを通して学ぶこと。
（2）統一教会の結婚観を受け入れること。
（3）合同結婚式を希望すること。

ところが、韓国の統一教会幹部が「最近の合同結婚式は参加資格がだんだんルーズになっている」と明かしたように、1990年くらいになると参加条件が次のように変わりました。

（1）信者になってから6か月以上であること。
（2）21日の修練会に出ること。
（3）エイズ検査に通ること。
（4）以前に不倫などをしていないこと。これは確認できないから、本人の良心に任せる。

（5）健康診断書を提出すること。

（1）の「信者になってから6か月以上」という条件は、以前は3年以上となっていました。しかも、この「3年」というのは単に入信からの期間ということではなく、さきイカなどの「珍味売り」や高額の印鑑、壺などを売りつける霊感商法といった教団の経済活動に、少なくとも3年以上は従事した信者という意味です。

（2）の「21日の修練会」とは、教団内部では「21日修練会」「21修練」などと呼ばれ、文字通り21日間にわたって泊まりがけで統一教会の教えを学ぶこと。日本には神戸や千葉に修練所があり、一般の学校のように、教理解説書の『原理講論』をはじめ、「統一思想」や「勝共理論」など、教義の核となる理論を講師が信者に教えます。そのほかにも、神学などを学びますが、訪問販売のやり方を教えているのは、教団が信者から少しでも多くのお金を収奪したい意図があることの表れでしょうね。さらに、世界情勢を学ぶ時間も設けられており、統一教会が国際勝共連合と表裏一体であることがよくわかる。朝早く起きて、規律正しい団体生活を送るので、軍隊生活のようだと言う信者もいます。

統一教会の信仰を再確認、強化する場であり、この修練所で祝福（結婚）についても学びます。

昔に比べれば合同結婚式の参加条件は緩和され、〝写真祝福〞を行っていた時期もありましたが、2012年に文鮮明が亡くなってからは、信者は結婚相手をマッチングアプリで探すようになっている。

小林　ただ、マッチングアプリで探すといっても、信者のなかからしか相手を選ぶことはできないわけでしょ。もし統一協会に入っていない人と出会って、恋愛に発展したらそりゃもう盛り上がっちゃって、信仰なんてどうでもよくなる若者だっているはず。脱会の恐れがあるから、アプリを導入したといっても、結局、手を替え品を替えで、信者を囲い込もうとしているだけだ。

有田　合同結婚式は統一教会の「もっとも重要な伝統儀式」という位置づけですが、その実、重要な集金装置にほかならない。当然、参加費用は自己負担で、1992年の場合、日本など「ゆとりのある国」からの参加者は基本1万ドル（当時の為替レートで約126万円）なのに対して、東南アジアやアフリカは3000ドル（約38万円）と差がつけられていました。韓国の信者が「日本は第2次世界大戦中に韓国にひどいことをした。その贖罪意識が日本人信者にはあるから、韓国人の言うことを聞くのは当たり前だ。お金を多く出すのも当然」と言っていたように、合同結婚式は日本人からカネを収奪するシステムの一つなのです。だから、教団は合同結婚式にかこつけて参加費用のほかにも何かとお金を要求する。

6500組の信者が参加した1988年の合同結婚式では、出身地域やその人の属性によって差はあるものの、日本人信者は韓国に行く前に「祝福献金」と称して100万円から140万円を集めるよう命じられていた。献金が集められない信者のなかには、親や親戚に出してもらったり、霊感商法や「難民カンパ」(※難民救済を装った募金や訪問販売)で調達する者もいたくらいです。

「祝福」を受けた日本人女性の悲劇

小林 合同結婚式のもう一つの問題は、日本の女性信者が韓国の低所得層の男性と結婚することになり、とんでもないＤＶ（家庭内暴力）に遭っているケースが少なくないことだ。文鮮明が選んだ相手だから離婚することもできず、被害から逃げ出すこともできずにいる。

有田　確かに大問題です。もともと合同結婚式は統一教会の財源として行われていたが、１９９２年の合同結婚式では参加者５万人というノルマが信者に課せられました。当時これを報じた韓国の総合月刊誌『新東亜』（東亜日報社）の張仁碩《チャンインソク》記者によれば、「韓国のノルマが３万人で、そのほかは外国から集めると説明している。イランやイラクなど、中東からも人を集めるとも聞きました。韓国の信者は、農村で結婚できない独身男性に『信者になれば日本人女性と結婚させてやる』と入信を勧誘していた」ようです。

僕自身、１９９３年に韓国に取材に行ったとき、農村部に嫁いだ日本人女性の信者に会いました。総じて貧しいうえに、結婚相手の韓国人男性は統一教会の信者でもないので信仰を通じた絆なんてない。しかも夫は働かず、暴力を振るう。僕が会った女性信者たちはみんな本当に苦労していましたよ。なかには、夕食は家族でとるのに、寝るときは牛小屋につくった寝床で眠りに就く人もいたほどです。もっともこの女性は脱会しましたが、家族にはとても大切にしてもらったと回想しています。

僕が『改訂新版 統一教会とは何か』(2022年・大月書店)に記した女性信者はもっと悲惨な境遇でした。1988年の合同結婚式に参加したこの信者の手記を少し引用して、その苛酷な実態を紹介します。

〈相対者の生活状況は、日本で教えられていた以上にショックなものであった。田舎道を車でゆられながら、山のふもとの農村に到着した。

両親の住む家は、小屋のようなところだった。しかし、何より辟易したのは〝お手洗い〟だった。穴があるだけのもので、夜は灯もなく、落ちるのではないかと不安のあまり腹痛がしたほどだった。また、男性は飼っていた牛の肥だめに用を足していた。もちろん、お風呂も水道もなく、水回りはすべて井戸にたよっていた。

想像を絶する生活水準にとまどったのは私だけではなく、ほとんどの日本人女性はかなり驚いたようだった。長男の相対者を与えられた日本人女性も数多くいて、彼女たちには同情を禁じえなかった。彼女たちは、生涯、片田舎の農村で農作業や家事に追われ

ながら過ごすのだろうか。実際、そのようにしている韓日（韓国人男性と日本人女性の夫婦）の先輩家族も多かった〉

日本がバブル景気に沸いていた頃だから、その落差は想像を絶したことでしょう。韓国人男性と結婚させられた人たちが置かれた状況も大問題ですが、夫婦に子供ができた後に脱会して日本に戻った日本人女性が子供を取り戻せないという問題も持ち上がっている。2世信者と同様に、時が経つにつれて新たなトラブルが生まれ、問題はどんどん広がっている。韓国の統一教会の内部資料によると、韓国人と結婚した日本人女性は6676人。このうち統一教会から離れ、教団の分派やキリスト教に宗旨替えして移動した女性たちもいるが、韓国在住の日本人女性を管理する多文化平和連合のメーリングリストに登録した日本人女性は2400人強と、半分もいない。残りの4000人超はどこに行ってしまったのか……。彼女たちがどうしているのか、非常に心配です。

第5章

カルトに脅かされる日本の安全保障

──２０２２年11月、一連の統一協会問題を受けて被害者救済を図るための新たな法律が成立した。霊感などの知見を駆使して不安を煽り、高額寄付を求めるなどの不当な勧誘行為が禁止され、個人の自由な意思を抑圧し適切な判断が困難な状況に陥らせないよう配慮義務も課されることとなった。さらに、罰則規定も設けられ、禁止行為に違反し行政の勧告や命令に従わなかった場合は、１年以下の懲役か１００万円以下の罰金が科されることとなっている。

協会に対しては２０２３年１月に３回目の質問権が行使され、夏前には解散命令が出される公算が高い。

だが、統一協会を巡る問題は依然として多くの謎を残したままだ。果たして、日本の国家権力の中枢にまで食い込んでいた統一協会はいったい何をやろうとしていたのか？

国会議員秘書に信者を送り込む計画

小林　自民党は２０２２年９月の時点で、所属する国会議員３７９人（衆参両院の議長を除く）のうち、選挙支援を受けるなど統一協会と一定程度以上の関係を認めた議員が179人に上ると発表し、121人の名前を公表した。だが、党内調査で回答しなかった者も多く、その後もぽろぽろと名前が取り沙汰される始末……。岸田政権の閣僚のなかでは、教団主催の会合にたびたび出席し、2019年に撮った韓鶴子総裁との集合写真が出回ったことで、山際大志郎経済再生担当相が辞任に至っている。

選挙で支援を受けている議員や、信者のスタッフを雇っている事務所、協会と事実上の政策協定を交わしていた者も多いはずだが、ダンマリを決め込む国会議員ばかりで、とてもじゃないが説明責任を果たしているとは言い難い。

有田　統一協会が、政治家への接近を強化したのは1986年からです。この年の8月、京都市内の嵐山にあった教団所有の旅館「嵯峨亭」に全国から女性信者を呼び寄せて、秘書養成講座を開いていた。僕が1987年に取材で訪れると、玄関先には統一教会系の新聞『世界日報』が積んであったから、教団の関連施設であることは明らかでした。もちろん、登記簿で確認しています。

女性信者たちはそれぞれの所属組織で、まず「チャーム・コンテスト」を開くから面接に行くよう告げられる。東京・渋谷にあった教団の礼拝堂には西東京ブロックから50人ほどが集められ、4～5人のグループごとに面接が行われたといいます。集められたのは、仕事を持たずに教団の活動に専念する「献身者」の女性信者たちで、「身長は156㎝以上」「できれば英会話ができること」という条件がつけられた。

面接を経て全国から91人の女性信者が選抜され、嵯峨亭2階の大広間で統一教会の教えである原理講義や信仰講座が行われ、関西地方を「勝共カンパ」に歩いた。その後は神戸市須磨区にある統一教会の研修施設に集まり、秘書マナーの研修が10日間にわたって行われました。名刺の手渡し方、お茶の出し方、電話の応対、お辞儀の仕方から始まり、ワープロや英会話の訓練、さらには接待の仕方までがレクチャーされたのです。そして研修を終えると、女性信者たちには記念に文鮮明夫妻の写真が入ったペンダントが贈られ、公設秘書、私設秘書として国会議員のもとに送り込まれていったのです。

小林　統一協会はそんなに前から、政権中枢を〝侵略〟するという明確な意図をもって、組織的に国会議員の秘書を育成し始めたということか。

有田　その後、ジャーナリストの山岡俊介さんの協力を仰ぎ、半年間かけた調査報道で明らかになった統一教会員の秘書は公設秘書が3人、私設秘書が5人。これは『週刊文春』1991年9月11日号に書きました。

公設秘書を雇っていた当時の衆院議員は、新井将敬（自民党渡辺派）、東力（自民党渡辺派）、そして菅原喜重郎（民社党、後に新進党）の3氏。また、このほかに労相を務めた千葉三郎衆院議員（自民党）の公設秘書として仕えた後、東力氏の秘書となり、さらに参議議員の西川きよし氏（無所属）の秘書に転じた統一教会員もいるなど、当時から与党自民党への接近が目立っていました。

ただ、これらは氷山の一角にすぎません。国会議員の秘書には、議員が国費で雇い入れる公設秘書2人（第一秘書と第二秘書。現在は政策秘書も公設の扱い）のほかに、個人で雇う私設秘書がいるからです。そこでさらに取材を進めると、複数の元統一教会員の証言から、新井将敬、高橋一郎（自民党竹下派）、伊藤公介（自民党三塚派）、平沼赳夫（自民党三塚派）、そして原健三郎（自民党無派閥）の5人の自民党衆院議員の私設秘書を教団の信者が務めていたことがわかったのです。

雇っていた議員に、秘書が統一教会員との認識があったかどうかはともかく、注目すべきは、教団が政権中枢の与党自民党に狙いを定め、保守系の議員事務所に秘書を送り込んでいたこと。

ところが驚くことに、取材の過程で統一教会員の秘書を雇っている議員の名簿を自民党のある大物議員に見せると、こんなことを言われました。

「こんなものじゃない。私設秘書だって数十人規模でいる」

確かに取材は、入手した内部資料を根拠にして確認した公設第一秘書と第二秘書に絞らざるをえなかったのです。議員の地元選挙区で活動する私設秘書まで、把握することは到底できませんでしたから。ただ、この自民党大物議員とのやり取りの後に取材を進めると、このほかにも少なくとも2人の統一教会員が国会議員の私設秘書になっていることがわかったのです。

このときの取材では、石原慎太郎衆院議員（1932～2022年・作家、政治家。運輸相、東京都知事、日本維新の会共同代表、次世代の党最高顧問などを歴任）が「少なくとも50人はいるよ」と言い放ち、こう明かしています。

「ある秘書が一枚の書類を持ってきて、サインするよう求めたんだ。それを読むと『私は文鮮明氏の教えに完全に共鳴し……』といった内容だったね。それにサインすれば、統一教会員が全面的に選挙を手伝い、秘書も送りますという。この書類にサインした人たちが、当選後、勝共推進議員として公表されているんだろう。私が雇っていた統一教会員の秘書は、後援会の支部長に、勝共連合の支部長になってくれと頼んだり、朝鮮人参エキスを売ったりと、勝手な行動もしていて、最後は不審な行動を目撃したので辞めてもらった」

この取材をしたのは30年ほど前のことです。だが、2022年の夏に安倍さんと親しかった大臣経験者に聞くと、「いや、有田さん、それはいっぱいいるよ」と語っていました。統一教会は当時から今に至るまで、ずっと国会議員のもとに秘書を送り込んでいる。自民党は安倍元総理の銃撃事件後、所属国会議員にアンケート調査を行い、統一教会と何らかの接点がある議員が179人いたと発表したが、アンケートに自ら認めた議員が179人いたというだけで、この人数がすべてではない。当然、教団と接点を持っている議員はもっといるはずです。与党がもっとも教団からターゲットにされているわけですから。

小林　統一協会の機関紙『思想新聞』によれば、安倍元総理の父親、安倍晋太郎元外相は１９８８年、勝共連合の懇親会で「みなさんにはわが党同志をはじめ、大変お世話になっている」と挨拶をしている。自民党の保守系議員、特に安倍派と教団の関係はすでにこの時期、かなり深まっていた。一方、教祖の文鮮明は安倍派を中心にさらに政治に接近しようとしていた。１９８９年、韓国で行った説教では「日本の政治」をテーマに取り上げ、国会議員との関係強化に触れ、「国会内に教会をつくる」「そこで原理を教育することで、すべてのことが可能になる」と放言している。まったくふざけた話だよ！

さすがに、国会に教会はできていないが、政治と接近する統一協会は国会議員の次に地方議員にも着実に浸透しており、なかには信者の議員もいるくらいだ。

有田　前にも話した右翼の大物・畑時夫はこう述懐しています。

「勝共ということで、日本の政治家は騙された。これが統一教会ということなら、政治家もこれほどまでは接近しなかっただろう。雇うほうも問題だが、日本の政治にかかわる国会議員の秘書にいろいろな方法で教会員を送り込む統一教会のほうが間違っている。けしからんよーー」

もう30年ほど前ですが、大阪・難波にあるスイスホテル南海大阪で取材をしたことをよく覚えています。

小林　右派や保守はもっと憤ってしかるべきだ。

霊感商法の霊能者を国政選挙に擁立

有田　実は、教会員の地方議員が誕生するかなり前に、教団は信者を国会議員にしようとしていました。実際、１９８６年には、黛敬子（埼玉２区）、細野純子（愛知６区）、そして阿部令子（大阪３区）の３人の女性信者が衆院選に立候補しています。結果的に全員落選に終わったのですが、阿部令子という信者は初出馬で７万５４５９票も獲得し、次点に食い込んでいます。

その後、１９９０年の総選挙に出ると、選挙戦の途中で自民党から追加公認を受け、全国唯一の女性自民党候補となったが、７万９１０２票で次点に終わっている。阿部は１９８８年7月から、自民党の大物代議士で蔵相、厚生相などを務めた渡辺美智雄衆院議員（1923～1995年・衆院議員、中曽根派を継承して渡辺派領袖。長男はみんなの党の初代代表を務めた元衆院議員・渡辺喜美）に秘書として仕え、「ミッチー（渡辺の愛称）の秘蔵っ子」などと言われていた。渡辺本人もかなり熱を入れて阿部を応援していたことが、当時の「後援会のしおり」からも窺えます。

〈あべ令子さんは、経歴、識見ともに、わが党が自信を持って公認する女性候補です。現在、自民党の衆議院には女性議員が一人もいません。次回こそ、よろしくお願いします〉

1990年当時、女性の衆院議員が一人もいないことにも驚きますが、もっとも驚くのは、この阿部令子はれっきとした統一教会の信者で、合同結婚式にも参加。かつては霊感商法の霊能者役を演じ、高麗人参濃縮液と念珠を1000万円という法外な値段で売りつけていたこともある人物です。かねてより文鮮明は説教などで「我われの言うことを聞く総理大臣をつくろう。そのために国会に入って勢力を広げる」と公言しており、阿部は文鮮明から直接「頑張れ」と声をかけられていた。阿部の選挙戦には全国から600人ほどの信者が動員され、戸別訪問、電話作戦などの活動が割り当てられたという。

こうした事実を知った僕や『朝日新聞』などがキャンペーンを張って、阿部はその後、立候補を取りやめましたが、当初、教団は本気で国会に議員を送ろうとしていたわけです。そして、地方議員もつくろうとしていた。

地方議会では信者議員が誕生

小林　統一協会信者が地方議員になり、彼らが推進するかたちで、すでに静岡県や茨城県など10県6市で「家庭教育支援条例」が制定された。地方議会にはもう教団の浸透が始まっているんだよ。今のところ、信者の地方議員はどのくらいいるんですか？

有田　共同通信社が2022年11月、全国の都道府県議、知事、政令指定都市市長を対象に「統一教会との関係」を尋ねたアンケートによれば、教団や関連団体などと接点があった都道府県議は少なくとも334人。そのうち自民党所属議員が8割を超えていた。知事は13人、市長は9人。自民党は所属国会議員の半数近くに接点があったと発表したが、地方議員については調査していません。

一方、統一教会信者の地方議員は、現在すでに30数人います。国会議員については教団が組織的に後押しして、これをつくろうとしたけれど、地方議員に関してはやりたい者がやれというスタンスで、教団としてのバックアップは国会議員に対するほど強力ではないという。今のところ明らかになっているのは、新潟県議、静岡県議、三重県議、宮崎県議、それに北海道旭川市議、福島県福島市議といわき市議、徳島県徳島市議、鳥取県米子市議といった面々。それから大阪市にも選挙に強い市議がいます。この議員は自民党ではなく大阪維新の会に所属しており、維新を隠れ蓑にしている節がある。

こうした統一教会信者の地方議員が働きかけて、全国の自治体で家庭教育支援条例が次々と成立しています。この条例は、社会全体で子育て家庭を支えていく支援体制の整備を目的とする。これだけを見れば何かいい条例に思えるかもしれませんが、問題なのは「支援」の名のもとに家父長主義的な家族観が重要と説き、男女同権やＬＧＢＴＱ（性的マイノリティ）といった性の多様性を否定するなど、差別や偏見を助長する内容になっているところ。

先ほど統一教会信者の市議がいると話した大阪市でも、２０１２年に大阪維新の会・

大阪市議団が家庭教育支援条例案を発表しましたが、これが呆れるほどとんでもない中身なんです。

条例の前文には、「かつて子育ては、社会から温かく厳しい『眼差し』に支えられていた」「今は、伝統的子育て法が伝承されず、父母が途方に暮れている」「『ながら授乳』などに、『親心の喪失』が表れている」「発達障害のような『気になる子』が増えて学級崩壊が起きた。不登校や非行と発達障害との関係も指摘されている」といった偏見に満ちた文言が並び、条文にも、「わが国の伝統的子育て法によって発達障害は予防できる」「乳幼児期の愛情不足が発達障害の要因であるから、その予防策を実施する」「高校以下の子がいる全家庭に保護者用の『道徳の副読本』を配布する」などと、非科学的で、差別的な内容が随所に記されています。

言うまでもなく発達障害は、医学的に見て脳の機能障害が原因で、伝統的な子育て法で予防なんてできるわけがない。さらに、不登校や非行の原因が発達障害であるかのような主張は科学的に間違っているだけでなく、偏見や差別を助長している。もちろん、この条例案には批判が殺到し、維新市議団は撤回と謝罪に追い込まれました。

小林　よくぞそんなむちゃくちゃな条例案を考えたものだな。科学的根拠がゼロのところは、統一協会の教義にそっくりだ。

有田　そうなんです。今、各地の自治体で次々と制定されているこういった家庭教育支援条例は、簡単に言えば、古い家族観を行政が市民に押しつけるような内容になっている。そして、この家族観は、統一教会や自民党保守派、そして、国内最大の保守主義・ナショナリストの団体で、安倍元総理が生前に特別顧問を務めた日本会議の価値観や理念と重なります。

もともと家庭教育支援条例は、安倍元総理の肝煎りで自民党が成立を目指した家庭教育支援法案を下敷きにしたものと見ていい。この法案は家庭に公権力が介入する恐れがあるので反対が多く、２０１７年に自民党は提出を断念しているが、統一教会信者の地方議員が地方から中央に働きかけるかたちで、この法案の成立を狙っているのです。

これらの条例案や法案が描く家族像は、行政があるべき家族の姿を提示している時点で問題を含んでいますが、こうした特殊な「家族像」が統一教会の唱える家族像と一致している点が何よりも問題なのです。日本人の大多数が知らないうちに、統一教会が地方議会に浸透し、地方から中央に影響力を行使しようとしている……。そして、安倍元総理の銃撃事件をきっかけに明らかになったように、中央政界では与党自民党の多くの議員が統一教会と深い関係を持っていた。まさにここでも〝ステルス侵略〟が行われていたのです。

小林　そもそも、彼らが言う「家庭」って何なのかよくわからないんですよね。伝統的な家族観などと言うけれど、高度経済成長期以降、核家族になった日本にはそんな「サザエさん」みたいな家なんてもう存在しませんよ。それを昔のような大家族に戻すというなら、男尊女卑の家父長制的な封建時代に歴史を巻き戻すようなものだ。ほとんど儒教みたいな家族観だよね。まぁ、韓国発祥の統一協会にすれば都合がいいのかもしれない。

有田　2006年に第1次安倍政権が教育基本法を全面改正し、新設された第10条に盛り込まれたのが「家庭教育」だった。その条文は次のようなものです。

（1）父母その他の保護者は、子の教育について第一義的責任を有するものであって、生活のために必要な習慣を身に付けさせるとともに、自立心を育成し、心身の調和のとれた発達を図るよう努めるものとする。

（2）国及び地方公共団体は、家庭教育の自主性を尊重しつつ、保護者に対する学習の機会及び情報の提供その他の家庭教育を支援するために必要な施策を講ずるよう努めなければならない。

要するに、改正教育基本法によって、学校教育だけでなく、家庭教育を国家が管理統制する道筋がつけられたわけです。そして、同法の第10条を根拠に、統一教会は全国各地で家庭教育支援条例をつくろうとして、10年以上にわたって活動してきた。教団が目指す「家庭」とは、家父長制のように男尊女卑の性格が色濃いもので、人類はアダムとエバの昔から堕落しているから、結婚まで純潔を貫き、合同結婚式によってこそ素晴らしい家庭が築かれ、純潔教育キャンペーンによってそれが実現できる、としています。

人類が堕落したのはエバの不倫が原因であり、だから女性はひときわ罪深い存在と謳っている統一教会の教義そのものが男尊女卑の視点であるため、統一教会が理想とする家庭像は、男女平等を定めた日本の憲法第24条に抵触する可能性が濃厚です。

家庭教育支援条例を教団が推す理由

有田　2012年12月、日本で初めて家庭教育支援条例を制定した熊本県は、条例を可決した自治体が7市町村と全国でもっとも多い。条例を成立させるために地方議員に働きかけたり、意見書を求める請願を出したりしていたのが「熊本ピュアフォーラム」という団体で、家庭で道徳の時間を持ちましょうとか、純潔を大事にしましょうとか訴えている。そして、この団体を立ち上げ、事務局長を務めるのが国際勝共連合の幹部なんです。勝共連合と実質一心同体の統一教会が大事にしている家庭教育や純潔教育を日本に広めようとしているのでしょう。請願を通じて接触した地方議員を教団に勧誘したり、関係を強める狙いも透けて見えます。

保守系議員にとって、家庭教育や道徳教育を大事にする法律、条例の制定は思想的立場からも取り組みやすいし、「家庭や教育を大事にしよう」と訴えたところで、内容を詳しく知らなければ、文句を言う人もそうはいないでしょうから手をつけやすい。一方、教団にとっては、地方議員と関係を構築することで教団の信頼度が高まり、信者の信仰心の向上にも繋がる。熊本ピュアフォーラムは統一教会の信者が独自に設立した団体ですが、熊本県では家庭教育支援条例の可決自治体が全国最多と彼らの試みは成功している。統一教会には、組織としてこうした動きを全国に広げる狙いもあったのでしょう。ところが、安倍元総理銃撃事件をきっかけに、条例制定の背景がすっかり明らかになってしまいました。

小林　家庭教育支援条例は、少子化が深刻な地方で、結婚、妊娠、出産、そして子供が一人前になるまで切れ目のない支援体制を機能させることを目指すというが、公権力や行政が家庭に介入したらむしろ少子化がもっと進むよ（笑）。

日本と同様に、少子化に直面したフランスは対策が成功した国として知られる。２０２１年の合計特殊出生率は日本が１・30なのに対してフランスは１・83。フランスの出生率が増えたのは、子供１人当たりに10種以上の現金給付制度を設けたり、３歳以上の公教育を無償にしたり、子供が増えるほど税負担を軽減する政策によるところも大きいが、そもそもフランスがプライベートに道徳なんて持ち込まないお国柄だからだろう。

1970年代までに避妊薬のピルが解禁され、自分の好きなときに妊娠できるようになった女性たちは、仕事のために子供を産むことを諦めなくていいようになった。さらに、民法から「家長」という概念をなくしたことも大きい。父権から男女の共同親権に変わり、カップルの在り方も通常の婚姻以外に「パックス」（民事連帯契約）や事実婚を規定して、多様なカップルのかたちが法的に認められた。

ピルが解禁され、専業主婦がほとんどいなくなり、女性の権利を拡大させる……。そこに「パックス」という結婚より緩やかなカップルの関係も容認したばかりか、多くの子供に教育の無償化を約束し、手厚い手当を設けるなど、子供を産み、育てやすい環境を整えたからこそ出生率は上がったのだろう。

簡単に言えば、成功を収めたフランスの少子化対策は、統一協会の純潔教育の真逆をやったということ。純潔教育では絶対にピルの使用を認めないだろうし、結婚するまで純潔を保てなんて言っているから性教育もおろそかになる。そんなことを本当に実行したら、少子化は進むばかりだ。統一協会の言う純潔教育に賛同する保守派は、国を憂いているつもりで、国を滅ぼそうとしていることにまったく気づいていない。純潔教育みたいなバカなことをやって、統一協会が発祥した韓国みたいな男尊女卑の家庭が増えたら、少子化はさらに進むことになるだろう（苦笑）。

有田　統一教会に関して言えば、自民党議員の選挙活動の支援を一手に引き受けたうえで、憲法改正を訴え、安全保障を強化し、選択的夫婦別姓・ジェンダーフリー・同性婚すべて反対……と、足並みを揃えて政策を推し進めようとしている。でも、よくよく考えたら、統一教会が生まれた韓国は夫婦別姓ですから……。結局、自分たちの都合のいいように理屈をこねているだけなのかもしれませんね。

小林　うん、まったく意味がわからない（笑）。夫婦別姓に限らず、深く考えていないんだよね。科学的根拠も論理的整合性もない。男系男子の天皇しか認めないと主張する日本の保守派も、ひと言でいえば男尊女卑なんだよ。

当たり前だが、古代の日本だって、女帝の古墳が列島各地で多数見つかっている。だから、『魏志倭人伝』など古代中国の史書に「倭国の女王」と記された3世紀の邪馬台国の女王・卑弥呼（生年不明～２４７年）や、卑弥呼の死後、男王を立てたら国中が従わず争乱になったため、13歳で女王となった壱与《いよ》（235年〜没年不明）のように、女王が国のトップに立つこともあったし、皇室にも8人、10代の女性天皇がいた。

なぜ統一協会は名称変更できたのか？

小林　統一協会に話を戻せば、わしがすごく引っかかっているのは、本当は公安警察が見張っているはずだったのに、現在の名称である「世界平和統一家庭連合」にいとも簡単に名前を変更できてしまったことだ。なぜ、このようなバカげたことが許されたのか？

有田　1992年と1993年は統一教会の国際合同結婚式の報道がピークに達し、教団に対してバッシングの嵐が吹き荒れますが、その後、1995年に地下鉄サリン事件が発生。社会の関心は一気にオウム真理教に傾いていきました。そんな喧噪から逃れるように、1997年、統一教会はひっそりと文科省に「世界平和統一家庭連合」への名称変更を申し出ています。

当時、宗教法人を所管する文化庁の宗務課長を務めていた前川喜平元文科事務次官は、

創始者：文鮮明総裁・韓鶴子総裁御夫妻

世界平和統一家庭連合　結婚と家庭　家庭連合とは　入会案内　お問い合わせ　お知らせ　ログイン

文鮮明総裁は1920年1月6日（陰暦）、韓半島の平安北道定州郡に文慶裕氏と金慶継夫人の次男として生まれ、熱心なクリスチャンとして育つ。1935年4月17日の朝、イエス・キリストが霊的に現れ、神のみ旨を完成しなければならない使命があるという啓示を受ける。

韓鶴子総裁は1943年1月6日（陰暦）、韓半島の平安南道安州郡に韓承運氏と洪順愛（大母様）夫人の長女として、三代続きの一人娘として生まれ、祖母と母のキリスト教の信仰の背景、霊的な守りの中で育つ。

文鮮明総裁は1954年5月1日、ソウルに「世界基督教統一神霊協会」を創立。1960年4月11日（陰暦3月16日）には、韓鶴子総裁と聖婚式を挙行された。

1968年には世界を共産主義の脅威から守るために「国際勝共連合」を創設。その後も「世界平和教授アカデミー」（73年）、「世界平和宗教連合」（91年）、「世界平和連合」（91年）、「世界平和家庭連合」（96年）、「世界平和超宗教超国家連合」（99年）、「天宙平和連合」（2005年）、「世界平和国会議員連合」（2015年）などの国際平和機関を次々に創設し、各分野において世界的な貢献をされる。

言論界においても、1978年から毎年「世界言論人会議」を主催されるとともに、日本で「世界日報」（75年）や米国で「ワシントン・タイムズ」（82年）、韓国で「世界日報」（89年）を発刊。

TOP

名称変更の相談を受けたときの経緯について、こう話しています。

「宗務課のなかで議論した結果、実態が変わっていないのに名前だけ変えることはできない。当時、『世界基督教統一神霊協会』という名前で活動し、その名前で信者を獲得し、その名前で社会的な存在が認知され、訴訟の当事者にもなっていた。その名前を安易に変えることはできない。実態として世界基督教統一神霊協会では、『認証できないので、申請は出さないでください』という対応をした。相手も納得していたと記憶している」

前川さんはこう言って申し出を突っぱねた。官僚として当然の判断をしたと言っていいでしょう。当然、それ以降、統一教会は何も言ってこなかった。ところが、その18年後、第2次安倍政権下の2015年、統一教会はまたも名称変更を願い出るんですね。当時、前川さんは文科審議官で宗教法人の担当を外れており、文科省は名称変更申請の書類が整っているからという理由で、一転してこれを認めてしまうのです。そのときの省内の様子を前川さんはこう振り返っている。

「当時の宗務課長から突然、『統一教会の名称変更を認証することになった』と報告を受け、『認証すべきではない』と意見を述べた」「そのときの宗務課長の困ったような顔を覚えている。私のノーよりも上回るイエスという判断ができるのは誰かと考えると、私の上には事務次官と大臣しかいなかった。何らかの政治的な力が働いていたとしか考えられない」「当時の下村博文文部科学大臣まで話が上がっていたのは、『報告』したのではなく、『判断や指示を仰いだこと』と同義だ。当時の下村文科相はイエスかノーか意思を表明する機会があった。イエスもノーも言わないとは考えられない。結果としては、イエスとしか言っていない。下村さんの意思が働いていたことは100%間違いないと思っている」

小林　またしても「政治の力」か！　名称変更が一転して認められたのが、第2次安倍政権のときというのがポイントだな。統一協会は日本に渡ってきた当初から、安倍元総理の祖父である岸信介元総理と深い関係を築き、その後も安倍晋太郎を総理にするために画策するなど、安倍ファミリーに接近していたわけだから。

有田　そうなんです。本来なら、教義が変わっていれば名称変更は認められるけれども、何も変わっていないのに、下村文科相は名称変更を認めてしまったんですね。

統一教会のように、複数の都道府県に宗教施設を持つ宗教団体が名称変更するには、文科相宛てで文化庁に申請を行い、認証を得る必要があります。文化庁は、名称変更の申請が法律などに適合しているかを審査し、認証するかどうかを決定します。

名称変更の手続きは通常、部長決裁で済むので文科相には報告しないが、統一教会から申請を受けたときは、「社会的に注目度の高い法人だったので」、当時の担当者は下村文科相に報告しているんです。ところが、下村さんは当初、そんな報告は受けていないと言っていた。２０１５年当時、僕は参院議員だったので文科省に問い合わせたら、大臣に報告した文書がちゃんと残っていたので、文化庁宗務課の回答を明らかにした。

すると、下村文科相はすぐに見解を変えて、「文化庁の担当者からは『旧統一教会から18年間にわたって名称変更の要望があり、今回、初めて申請書類が上がってきた』と報告を受けていた。担当者からは、『申請に対応しないと行政上の不作為になる可能性がある』と説明もあったと思う。私が『申請を受理しろ』などと言ったことはなかった」と関与を否定。要は、報告は受けていたけれど中身は知らなかった、と逃げの答弁に終始したのです。当時の文化部長も「下村氏から何ら指示などはなかった」と、まるで口裏を合わせたかのようでした。

下村元文科相は、名称変更の申請が認められる前の2013年、統一教会の関連企業である世界日報社の月刊誌でインタビューを受けているし、2016年には代表を務める政党支部が、世界日報社の社長から6万円の献金を受けており、教団との関係が深いことは明らかでしょう。

統一教会が名称変更を正式に申請する前、全国霊感商法対策弁護士連絡会（全国弁連）は、教団による霊感商法や献金の強要などのトラブルが相次いでおり、名称変更を許可しないよう繰り返し求めていました。それが、「世界平和統一家庭連合」という宗教団体には全然思えない名前に変わってしまった。全国弁連の川井康雄弁護士が「統一教会であることや、宗教団体ということを隠して教義を広げ、信者にするという方法を取っていたが、それに拍車をかけたのが名称変更だった」と指摘しているように、名前を変えたことによって統一教会の被害者が増えたのは間違いない。当時の安倍政権と下村博文文科相の責任は極めて重いと言えます。

小林　下村文科相は、自分の意思で統一協会の名称変更を認めたんですか？　統一協会が国政に食い込んでいったのは、やはり第2次安倍政権以降なのか？

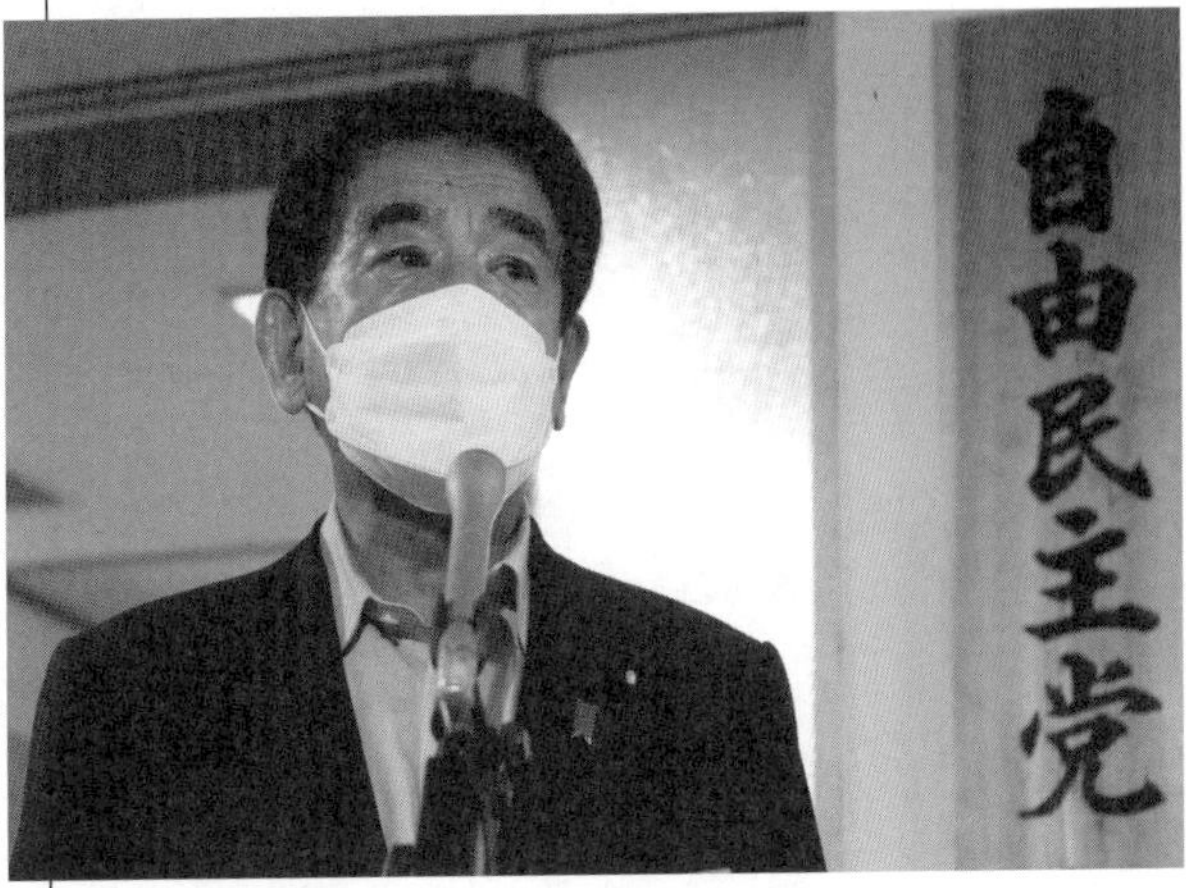

下村博文元文科相
写真／時事通信社

有田　そうです。調べてみると、2009年に政権交代が起こり、民主党政権が誕生したわけですが、統一教会が安倍元総理にもっとも接近していたのは自民党が野党だった2010年がピークなんですよ。両者はどんどん距離を縮め、2012年に自民党が政権を奪回して安倍政権ができたときにはすでに関係が深まっていたから、統一教会にすれば政治家に協力を求めやすい環境が整っていたはずです。統一教会は信者に仕立て上げたり、霊感商法でモノを売りつけるとき、悩みや苦しみを持っている人に巧みに近づいていく。2010年当時の安倍氏は自民党が下野し、自信を失くして失意の日々を送っていた。教団はいつものやり方でそんな安倍氏に接近していったのでしょう。後に安倍氏は日本の最高権力者に返り咲いたわけですが、この頃に〝ステルス侵略〟の足掛かりをつくったことになる。

小林　統一協会は、とにかく人の弱みに付け込むのがビジネスモデルになっている。アイツらには絶対に弱いところを見せちゃダメなんだよ！

有田　統一教会には、22項目にわたる弱みにつけ込むための「勧誘マニュアル」があります。このマニュアルは霊感商法でモノを売りつけるときも利用されており、客に家系図を書かせるんですが、2代、3代と先祖を遡っていけば、家族が自殺したり、若くして亡くなったり、障害のある子供が生まれたり……。どんな家でも必ず一つや二つ、統一教会が言うところの「不幸」な過去があるものです。適齢期を過ぎても結婚していない人もマニュアルでは「不幸」とラベリングされている。こうした22の「不幸」を教団はリストアップしているんです。安倍元総理が統一教会に取り込まれたのも、家系図を遡ったときに何か因縁めいたものがあると吹き込まれたのかもしれません。

小林　なるほどねぇ。統一協会は勧誘の電話を何度もかけてきて、例えば、「よしりん、具合悪いところはない？　大丈夫？」とか言って、不幸を探すのに必死なんだよ。だから、仕事は大丈夫か？　とか聞かれたら、「いや、もうバリバリ調子いいッスよ！　ヒットしすぎちゃって困っている！」とか言わないといかん（笑）。

解散命令が出ても教団は延命する

小林　統一協会の被害者救済法案を巡っては、法案に「マインドコントロール」という文言を盛り込むかどうかが焦点になった。臨時国会の会期末だった2022年12月10日に、被害者救済法が滑り込みで成立したが、この法律は「地獄に落ちるぞ！」などと霊感や不安を煽って寄付を求めたり、個人を困惑させる勧誘を禁じている。また、マインドコントロールによる寄付の禁止を求めた野党に歩み寄り、個人の自由な意思を抑圧し、適切な判断が困難な状況に陥らせないようにするなど新たに「配慮義務」が課されることとなった。ごく簡単に言えば、マインドコントロールされて寄付してしまった場合、これを取り消すことができるようになったわけだ。

結局、「マインドコントロール」の定義が曖昧という理由で、文言自体は法案に盛り込まれなかったが、統一協会は自らの素性を隠して近づき、相手の自己決定権を奪うような状況をつくり出し多くの人たちからカネをふんだくってきた。人の不幸につけ込んでいるのだから、これはマインドコントロール以外の何物でもない。統一協会の勧誘や集金の手口をちゃんと見極めれば、仮に抽象的な言葉であっても、定義づけはできるんじゃないかな。

有田　そうですね。定義自体はできるのですが、法律の条文に「マインドコントロール」

という言葉が馴染まないというだけで、実質的にはこれを禁じる内容になっています。なぜ、今回の被害者救済法にこの言葉が盛り込まれなかったかというと、オウム真理教の裁判で弁護士たちが「マインドコントロール」という言葉を判決文に入れさせようとしていた経緯がある。だが、このときも法律の言葉には馴染まないという理由で、判決文には盛り込まれなかったのです。

ただ、マスコミがこの言葉を記事で使うとき、「マインドコントロール」（洗脳）という書き方を共同通信や『しんぶん赤旗』でもしていますが、これは間違っている。マインドコントロールとは、親切なそぶりで相手に近づき、信頼させることで徐々に心理状態や態度を支配すること。社会心理学などを利用して、他人を心理操作する技術を意味します。統一教会などのカルト教団がよく使う手法は、情報などをコントロールして、特定の思想や行動を刷り込むことでほかの選択肢を排除させ、相手の意識や感情、結論まで操ってしまう。

一方、洗脳は、殴ったり蹴ったりするような暴力や睡眠を取らせないといった肉体的ダメージを与え、「言うことを聞かなければこうしてやるぞ！」と恐怖で相手を支配し、意のままにコントロールすること。時には薬物を使うこともあります。

両者の最大の違いは、マインドコントロールは暴力を用いず、情報のコントロールや心理操作によって相手の意思や行動を操縦するため、本人は自分の意思でそうしていると思い込んでしまうことです。だから、操縦されていても、周囲はもちろん、本人すら気づかないことも多い。洗脳に比べてスマートな手法で、徐々に行われるので、なおのこと厄介なのです。

小林　本人も気づいていないのだから、目を覚まさせて、脱会させるのは至難の業だな。だから、カルト教団の被害者家族はみんな大変な苦労をするのだろう。

有田　1992年に父親の飯干晃一さんの説得で教団から離れた飯干景子さんは、最近、統一教会によるマインドコントロールを、お風呂に入った状況にたとえて、とてもわかりやすい言葉でこう説明しています。

「スポイトで一滴ずつ赤い染料を落とします。今日一滴入れただけでは色は変わりません。では、1か月後はどうですか？　少しピンクかもしれない。でも毎日入っているうちにピンクが普通だと思うようになるんですよ。それがいつの間にか真っ赤なお風呂になっていて、でも本人はもうそれがお風呂の色だと思うようになってしまっている、そういう感じです」

「マインドコントロール」と「洗脳」はこれほど違うわけですが、なぜ僕が言葉にこだわるのかというと、メディアが誤用してしまったときの悪影響があまりにも大きいからです。メディアはヘイトスピーチが社会問題になったときも「ヘイトスピーチ」（憎悪表現）と書いていたけれど、これも誤りで本当の意味は「差別の煽動」。差別は悪いことだが、それをさらに煽っているからヘイトスピーチはより問題なのです。メディアが曖昧な理解でこうした言葉を使うことで、誤った意味が一般に浸透してしまう弊害は大きい。統一教会のマインドコントロールにしても、スマートな手法だから本人が気づきにくいという危険性がある。こうしたことを周知するためにも、メディアは正確な言葉を用いて報道するべきです。

小林　統一協会の被害者救済法案が成立したけれど、2世信者からは一定の感謝の言葉があったものの、「あの法律では2世は誰も救われない」と悲痛な声も上がっていました。これってどういうことなんですか？

有田　新法では、「不当な勧誘行為によって個人を困惑させてはならない」と定めており、以下の6つの「不当な勧誘行為」を禁止しています。

（1）帰ってほしいと伝えても退去しない「不退去」
（2）帰りたいのに帰してくれない「退去妨害」
（3）勧誘をすることを告げず退去困難な場所へ同行する
（4）威迫する言動を交え相談の連絡を妨害する
（5）恋愛感情などに乗じ関係の破綻を告知する
（6）霊感などの特別な能力により、そのままでは重大な不利益が起こることを示して不安をあおり、契約が必要と告げる、「霊感商法など」

これらの禁止行為に違反した場合は、行政措置や罰則の対象となります。

新法では、さらに寄付の勧誘を行う法人などに求められる「配慮義務」を3つ、以下のように定めています。

（1）自由な意思を抑圧し、適切な判断をすることが困難な状況に陥ることができないようにする
（2）寄付者やその配偶者・親族の生活の維持を困難にすることがないようにする
（3）勧誘をする法人などを明らかにし、寄付される財産の使途を誤認させるおそれがないようにする

そして、これらの不当な勧誘行為を行い、寄付の勧誘を受けた人が「困惑」し、そのまま寄付をしてしまった場合は、寄付を取り消す「取消権」を行使することができる。行使できる期間は、（6）の霊感商法などによる不当な勧誘の場合は、被害にあったと気づいたときから3年、または寄付時から10年。それ以外の勧誘では、気づいたときから1年、寄付時から5年となっています。

ところが、小林さんが指摘するように、多くの2世、3世信者はこの被害者救済法を「救われる人がほとんどいない法律」と呼んでいる。というのは、新法は法律施行以降の被害を対象としており、すでに生じた被害はまったく救済できないからです。

新法は、宗教2世など、寄付をした本人の家族も寄付の「取消権」を行使できると定めているが、その範囲には制限がかかっていて、例えば宗教2世なら本来受け取れるはずだった養育費などを取り戻せるとしている。でも、数億円単位の莫大な寄付によって人生が破壊されるほどの被害を負っていたとしても、養育費しか取り戻せないのだから、やはり真の被害者は救われません。

さらに言えば、「不当勧誘行為」の（6）霊感商法は、統一教会を明確に想定しているのでしょうが、教団は現在、霊感商法なんてほとんどやっておらず、やはりここでも被害者は救われない。また、「配慮義務」の（3）勧誘をする法人などを明らかにし、という規定も、正体を隠して勧誘を行う統一教会を睨んだものですが、禁止事項ではないので違反しても行政命令や罰則の対象にはならないのです。

訴訟に打って出るにしても、成人していない2世、3世の信者にはムリだろうし、成人後に裁判に訴えるのも現実的には難しく、実効性がないから誰も救えないわけです。被害者救済法には、２０２３年の通常国会以降に法律の実効性を高めていくための叩き台程度の意味しか見出せません。

小林　２０２２年11月22日、統一協会に対して日本で初めて質問権が行使された。質問権は宗教法人が解散命令に該当するような活動をした疑いがある場合に、国が報告を求めたり、質問できる権利なので、教団に解散命令が出る日が近づいているわけだ。

有田　文科省の幹部の話でも、質問権を行使するということは、宗教法人格の剥奪と解散請求に向けた動きというのが前提にある。現在、岸田政権は支持率が落ちているので、政権浮揚のためにも、おそらく２０２３年の春までには解散請求が出ることになるでしょう。もちろん、僕もそう期待します。ただ、その後の手続きとして、宗教法人を所管する文化庁が東京地裁に解散請求をして、裁判が始まる。統一教会が「わかりました。解散します」などと言うわけがないので、最高裁で判決が出るまでに3年はかかるでしょうね。

裁判に長期間を要するのも問題ですが、もっと懸念されるのはこの3年の間に教団が資産を隠したり、韓国に送金したりすること。ところが、現在の宗教法人法の建てつけでは、裁判が確定するまでは資産を凍結できないのです。

小林　それじゃあ、統一協会に解散命令が出ても、オウム真理教のように単なる宗教団体として生き残っていくことができてしまううえ、資産隠しもやれてしまうじゃないか……。でも、これまでのようにカネを集めることはできなくなるでしょうね。

有田　宗教法人格が剥奪されても、任意団体としてオウム真理教の分派が残っているように、統一教会も生き残っていくでしょう。ただ、任意団体になっても教義は変わらず、「地上天国をつくるために財産を神に返しましょう」と教団は求めるので、信者はお金を出し続けます。繰り返しになりますが、統一教会の「万物復帰」の教えというのは、「そもそもこの世のすべての財物はもともと神のものだが、それを今はサタンが支配している。だから、再臨のメシヤである文鮮明教祖を通じて神に戻さなくてはいけない」という内容です。この万物復帰のためには、霊感商法などの犯罪的、あるいは脱法的な手法のカネ集めであっても教義として大義が与えられている。今は、教団の重要な収入源だった霊感商法はできず、信者に仕立て上げた人たちからの寄付が主という状況で、宗教法人格が剥奪されれば2世信者や3世信者は離れていくでしょう。

ただ、1世信者は、現在の状況を宗教弾圧と信じて疑わず、今後も教団に残っていくと思うんです。彼らが高齢化していくなかで、どこまでお金を出せるかはまだ見えてきませんが、ここに楔を打つためにも、オウム対策二法のように団体規制法で監視を強化しなければいけない。同法は過去10年以内に無差別大量殺人を行った団体に対して、観察処分や再発防止処分を下すことができる。観察処分になれば、公安調査庁などが教団に対する報告聴取、施設への立ち入り検査が可能になり、再発防止処分ともなると、施設の取得や使用禁止などの規制を加えることができるようになります。オウムの場合、教団関係者の財産を破産財団に組み入れることで、資産隠しを未然に防いだり、経済活動にも歯止めがかけられた。

これを解散命令が出た後の統一教会にも適用するべきなんですが、国会ではそこまでの議論になっていない……。ここまでやらなければ、先ほども述べたように、統一教会は資産を移動させたり、マネーロンダリングをしたりで、生き永らえてしまうでしょう。

カルトに無防備な日本の安全保障

有田　公安警察から「オウム真理教の次は統一教会」と僕が聞いたのは1995年の秋

のことでした。そのとき公安幹部が言っていたのは、外為法違反から捜査に入ることと、統一教会内部にかなりの情報源ができたということ。

公安幹部が僕には言わなかったことですが、統一教会の違法な活動だけでなく、赤報隊事件でも教団の査査をしていたわけだから、信者が赤報隊グループだったとすれば、教団の捜査は全面的に進んだでしょう。ある捜査幹部がつぶやいた「オウムのような事件がなかったから……」という言葉の意味は、赤報隊事件を詰め切れなかったことだと僕は理解しています。統一教会は摘発されず、外為法違反でも公安は動かなかった。ただ、2010年までは、警視庁公安部が動いていたのは事実です。まったく動いていないのはこの12年間。それ以前は動いていたのだから、現在も公安警察が多くの捜査資料を持っているのは間違いない。

僕が入手した2007年の統一教会の内部資料によれば、教団は月に15億6025万円ものお金を集めて韓国に送り、韓国から米国の教団関連企業である『ワシントン・タイムズ』に送金している。日本で使われたのは日韓トンネルの費用として3900万円。そして、この資料には「対策費」という項目があり、月に1億円もの資金が使われていた。何の対策かを教団内部の人に聞いたら、「霊感商法などの訴訟対策やマスコミ対策、それに警察に影響力を持つ国会議員に毎月1億円、少ないときでも8000万から9000万円が使われている」と明かしました。

日本で活動していた韓国の統一教会幹部によれば、「帝国ホテルにいる統一教会の久保木修己会長のもとに国会議員がしょっちゅう遊びに来て、一緒に酒を飲んで、帰るときに1000万円を渡していた」というんです。領収書の不要な1000万円だから、もらった国会議員はお返しに教団にさまざまな配慮をするでしょうね。こうした議員が何人もいたのではないか。

小林　繰り返しになるが、統一協会は韓国で生まれた外国勢力であり、教祖の文鮮明亡き今も日本人から収奪したカネを原資に日本の国家中枢に浸透して、〝ステルス侵略〟を続けているわけだ。こんな暴挙を許していいわけがない。それは、左派だろうと右派だろうと、日本人なら関係ないはずだ。ところが、国家の危機に真っ先に立ち上がらなければいけないはずの保守が、この非常事態にまったく気づいていない！

戦争の最終目的が相手国の憲法を書き替えることにあるのは、憲法学の通説だ。第2

次世界大戦では、米国は日本を武力で屈服させ、終戦後に新しい憲法をつくった。それが現行の日本国憲法だ。

もしも武力を用いず相手国の権力中枢に侵入し、憲法を書き替えることができたなら、これほどラクで効率的なことはないだろう。一発の銃弾も撃つことなしに、戦争に完全勝利を収めることができるわけだから。兵器を使わない戦争、見えない侵略というものはある。それが〝ステルス侵略〟なのです。そして、そんな非暴力の侵略がまさに行われているのが、現在の日本なのだ。統一協会が国内に入ってきてから半世紀余りの歳月を経ているが、日本はやすやすと侵略を許してしまった。その侵略者こそ統一協会だということを、厳に認識しなくてはならない。

かつてオウム真理教はロシアから武器を調達し、国内では猛毒のサリンを製造するプラントなどを建設して、武力で革命を起こそうとした。これに対して、統一協会は武力を用いる代わりに、正体を隠して日本人に忍び寄り、マインドコントロールを駆使して信者を「集金奴隷」に改造。さらには工作員と化した信者を国家権力の中枢に送り込むことによって日本を支配しようと目論んでいる。

オウム真理教は国内勢力だから「革命」が目的だったと言えよう。一方、統一協会は韓国発祥の外国勢力であり、教団の活動は「侵略」にほかならない。それも武力を伴わない〝ステルス侵略〟なのだ。

政権与党を狙い撃ちするように、統一協会は自民党の保守系議員に接近し、教団のためなら寝食を忘れて働く信者を選挙運動のボランティアとして提供して恩を売りつつ、この「反日・反天皇カルト」は巧みに日本の権力中枢に浸透していった。

以前は、入信してしまったわしの叔母のように、霊感商法や献金で多額のお金を失った被害者の救済を優先して訴えてきたけれど、もはや事はカネ目当ての新興宗教のレベルを遥かに超えている。今、我われ日本人が対峙しているのは、政治とカルトの問題であり、差し迫った国家安全保障上の危機なんだよ。

有田　その通りです。1954年に韓国で統一教会が生まれ、日本に教団ができる前の1958年、韓国から信者が密入国して西川勝という日本名で布教活動を始める。そのとき、信者は米国にも渡っていた。つまり、統一教会の黎明期に、すでに文鮮明は日本と米国で影響力を持とうと画策していた。

その後、1971年には美貌の女性信者を集めた「PRチーム」を創設し、米国の上下両院の議員を籠絡《ろうらく》しようと、高級腕時計を贈ったり、韓国旅行に招待したり、ニューヨークのヒルトンホテルで晩餐会を開いたり、ロビイングを精力的に行ったが、結局、うまくいかなかった。文鮮明は韓国、米国、そして日本で勢力を広げようとしたが、ご存じのようにお膝元の韓国では統一教会のプレゼンスは極めて小さく、まったく浸透していない。

ところが、日本でだけは浸透することに成功した。韓国は北朝鮮と国境を接しているので、当然、反共の国。自由主義陣営を率いる米国は、言うまでもなく反共です。東西冷戦下、「反共の防波堤」となった日本ももちろん反共ですが、なぜか日本だけが国際勝共連合を受け入れ、統一教会は〝ステルス侵略〟に成功したのです。安倍元総理銃撃事件で教団と政治の長きにわたる蜜月関係が明らかになったのを契機に、統一教会が中央政界だけでなく、全国の大学や地方議会に浸透しつつある事実まで白日のもとに晒されました。

小林　やはり、「空白の30年」の間に、統一協会を監視する目を社会が失ってしまったことが大きいのだろうか。

有田　オウム真理教が地下鉄サリン事件をはじめ、猛毒のＶＸ殺人や坂本弁護士一家殺害事件など、数多くの凶悪犯罪を引き起こしたにもかかわらず、日本はこの苦い経験から得られた知見や対策を何ら生かしていなかったのです……。

地下鉄サリン事件のような未曾有の事態を防ぐために、もっとも活発に議論をしていたのは当事国である日本ではなく、むしろ外国でした。米国議会では頻繁に公聴会を開いて、あらゆる検証、検討を重ねていました。フランスも米国と同じように議論を重ねた結果、２００１年に反セクト法が成立し、１７３の組織をカルトに認定しています。今に至るまで解散命令こそ出ていないものの、この法律ができて以降、毎年、政府はカルトであることが疑われる組織の情報を収集して報告書を出している。そして、これを行政や教育の現場に伝えており、フランスでは子供の頃からカルト教育が行われているほどです。つまり、世代を超えて長期的なカルト対策が、国家レベルで講じられているわけです。

翻って日本では、現在、統一教会が大問題になっているというのに、国会ではこうした議論は一切なく、被害者救済法のようなあまり役に立たない新法をつくって、与党は対策を講じたというポーズを取っているにすぎません。野党には今後も通常国会で議論しようという声もあるが、統一教会と深い関係にある自民党や創価学会を支持母体とする公明党はこの問題にはもう触れたくないでしょうから、意味のある議論は期待できない。結局、「空白の30年」の前と後で、この国は何も変わっていないのです。

小林　カルト宗教取材の第一人者の有田さんにそう言われてしまったら、その通りかもしれんが……。それでは統一協会の〝ステルス侵略〟を今後も見すごすことになってしまう。

教団の改憲案が実現すれば、侵略は完成する

小林　実際、統一協会は与党自民党の憲法改正草案に、すでに教団の意向を反映させている節がある。教団の事実上の政治部門である国際勝共連合が訴える改憲案と自民党の改憲案が驚くほど酷似しているからだ。

２０１７年に勝共連合の関連サイトで公開された動画では、改憲の優先順位として「緊急事態条項の新設」を真っ先に挙げたが、２０１２年に自民党がまとめた改憲草案でも外部からの武力攻撃や大規模災害があったときに、総理大臣が緊急事態を宣言し、緊急政令を制定できるとしている。その後、２０１８年に自民党が公表した「たたき台素案」では、大規模災害時の対応として緊急事態対応を規定した。

自民党の改憲草案と統一協会の改憲案の一致は、まだまだある。

教団側は憲法に「家族保護」条項の追加を訴え、「家庭という基本的単位が、もっとも社会国家に必要。だから保護しなきゃいけないという文言を、何としても憲法に入れなくてはならない」と強調していた。一方、自民党の改憲草案では「家族、婚姻等に関する基本原則」を定めた憲法24条に「家族は、社会の自然かつ基礎的な単位として、尊重される」という条文が盛り込まれている。まるで統一教会の主張を丸呑みしたような内容になっているのだ。

さらに危ういのは、自民党の改憲草案では「信教の自由と政教分離原則」を定めた現行憲法20条から「いかなる宗教団体も政治上の権力を行使してはならない」の文言をばっさりと削除している点だ。そのうえ、現行憲法で禁じている国と国の機関の宗教活動も変更し、「社会的儀礼又は習俗的行為の範囲を超えないものについては、この限りでない」としている。事実上、政教分離の原則を骨抜きにする内容で、これでは統一協会の信者を国家の中枢に迎え入れるようなものだ。

もっと言うなら、選択的夫婦別姓反対やＬＧＢＴＱの権利拡大反対、皇位継承問題で男系男子しか認めないなど、統一協会の主張と自民党の政策はもはや一体化していると言っていい。つまり、すでに国家の最高法規たる憲法が「反日・反天皇のカルト」によって書き替えられようとしているわけだ。実に恐ろしいことだが、日本の保守から教団に対抗するような動きがまったくないことにわしは心底腹が立っている！

有田　自民党の改憲案と統一教会の主張は、家父長制のような父権主義的家族観を国民に押しつける一方で、個人の尊重は退けられる点で一致をみている。個人の尊重や国民の平等は蔑ろにされ、極めて差別的内容。到底認められるものではありません。

小林　まったく同感だ！　統一協会に対しては、有田さんと共闘していかなくてはいかんと改めて感じたところです。ところで、教団との裁判が控えている有田さんは、個人としてどう闘うつもりなんですか？

有田　長年、この問題に取り組んできましたが、今回の裁判は統一教会との「最終決戦」と考えています。この裁判での法廷闘争やメディアでの情報発信を通じて、教団の武装化計画や散弾銃の輸入、そして赤報隊事件に関与した疑惑を詳らかにするつもりです。統一教会への圧力になると思うので、何年かかっても徹底的にやります。統一教会を社会的に包囲する。そのような裁判にしなければ意味がありませんから。

小林　ほう！　それはいい！　司法という公の場で、統一協会がこれまで隠してきた暗部を暴くわけですね。応援しています！

あとがき

「空白の30年」と「政治の力」

有田芳生

安倍晋三元総理銃撃事件をきっかけに政治・社会問題になった統一教会について、僕は「空白の30年」「政治の力」と発言してきた。この表現がメディアで大きく報道されたとき、キーワードは大事だと実感したものだ。状況を規定する言葉があれば、どこに問題があるのかが浮かび上がってくる。多くの人にも届いていく。私にとっても新鮮な体験だった。

同時に感じたのは、個人の「体験」を社会的な「経験」にしていくことの重要性だ。それは、先の戦争における戦時の体験やこれを遂行した全体主義の体験を、時代と世代の一般的な経験にしていくことと、問題の質やレベルこそ大きく異なるものの、認識の作業としては同じプロセスである。

何が「空白の30年」なのか——。統一教会が社会問題として大きく報道されたのは、1992年の合同結婚式だった。有名な歌手やスポーツ選手が、文鮮明教祖が指名した相手と結婚すると表明したことで（教団が「祝福3女王」と名づけたうちの2人は、実際は違ったのだが）、この組織の特異さに注目が集まるとともに、芸能ネタとしても大いに話題になった。だが教団の実態は、信者が霊感商法を行ってきたことで明らかなように、反社会的でもあった。僕は『週刊文春』（文藝春秋）やテレビのワイドショーでも「単なる芸能ネタではないこと」を訴えてきた。あえて書くが、スポーツ紙を除く新聞やテレビはほとんど報じなかった。

1992年から2022年。この時間が「30年」なのだ。もちろん統一教会問題がまったく報じられなかったわけではない。『週刊文春』『週刊朝日』（朝日新聞出版）『サンデー毎日』（毎日新聞出版）などの週刊誌は、安倍晋三総理（当時）と教団の関係や、日本の信者たちの献金が韓国に送金されていることなどを報じていたが、いずれも散発的で、残念ながら社会的な関心が広がるような状況にはならなかった。

その大きな理由は、1995年に起きた地下鉄サリン事件をきっかけとするオウム真理教報道にあった。オウム教団による一連の事件は、同時進行で日本社会に深い危機感を抱かせるものだった。サリン事件の実行犯が逮捕もされないまま、まだ事件が計画されている恐れがあったからだ。僕はオウム事件が捜査から裁判に舞台を移した時期、ある週刊誌に統一教会についての企画を提案したことがある。「オウム事件に比べるとねえ」と編集者に言われた。社会に大きな衝撃を与えたオウム事件に比べると、統一教会の問題は消費者問題や親子問題に矮小化されていたのだ。

僕が「政治の力」と表現したのは、「オウムの次には統一教会の摘発に動く」と警察庁や警視庁の幹部に直接聞いていたからである。全国から集まった公安警察幹部たちに統一教会についてのレクチャーをしたときの懇親の時間に私はそう教えられ、具体的な説明も受けていた。人生にはつい昨日のように鮮明な記憶が残る日がある。僕にとってそれは、オウム真理教に強制捜査が入った日と、「次は統一協会」と警察幹部から聞いた日だった。警察庁幹部（後に警視副総監になる）の発言に驚き、期待した。ところが摘発はなく、そのまま時間が過ぎていった。10年後に複数の警視庁幹部（元職と現職）に東京・池袋の酒場で話を聞いた。

「なぜ摘発できなかったんですか？」

即座にこう言われた。

「政治の力ですよ」

安倍晋三元総理銃撃事件をきっかけに、テレビへの出演が増えた。2022年7月18日に「羽鳥慎一モーニングショー」（テレビ朝日系）に出たとき、この「体験」の話をした。司会者もコメンテーターも「凍りついた」とあちこちで報じられた。実は、翌日もこの番組では統一教会を報道することが予定されており、僕は出演を依頼されていた。ところが、控え室からスタジオに向かっているとき、「明日の報道はなくなりました」と伝えられた。テレビ朝日への出演はこれが最後となった。しばらくして別の局の番組に呼ばれた。そのとき、プロデューサーから念を押された。

「『政治の力』は言わないでくださいね」

これがテレビ報道の現実である。

2022年10月27日、僕は統一教会から名誉毀損で訴えられた。以降、テレビに呼ばれることはなくなった。そこへ小林よしのりさんとの対談の話をいただいた。小林さんとは、統一教会の報道が盛んだった1992年に新宿の教会で初めてお会いした。叔母が入信してしまったので、解決を求めていたのだ。「有田芳生がんばれよ!」と「ゴーマニズム宣言」で描いてくれたこともあり、『マルコポーロ』(1993年9月号・文藝春秋)でインタビューさせてもらった。

小林さんと僕はアイヌ問題では大きく意見を異にし、ウクライナ問題では一致する。そして、統一教会問題では「解散に追い込まなくてはならない」と考える2人の意見は、完全に一致する。他者と共働するとはこういう姿だ、と僕は思う。この機会を与えてくれた扶桑社の山崎元さんと対談を見事にまとめてくれた齊藤武宏さんにお礼を申し上げます。

2023年2月6日　　　　　　　　　　　　　　　　有田芳生

小林よしのり（こばやし よしのり）

1953年、福岡県生まれ。漫画家。大学在学中に『週刊少年ジャンプ』（集英社）にて『東大一直線』でデビュー。以降、『東大快進撃』（集英社）、『おぼっちゃまくん』（小学館）など数々のヒット作を世に送り出す。1992年、『週刊SPA!』（扶桑社）誌上で『ゴーマニズム宣言』を連載開始。このスペシャル版として90万部を超えるベストセラーとなった『戦争論』（幻冬舎）をはじめ、『天皇論』（小学館）、『コロナ論』（扶桑社）などを次々と発表。新しい試みとしてメルマガ「小林よしのりライジング」（まぐまぐ）の配信や、身を修め、現場で戦う覚悟をつくる公論の場として「ゴー宣道場」も主催する。3月、『ゴーマニズム宣言SPECIAL ウクライナ戦争論』シリーズ第2巻が発売予定

有田芳生（ありた よしふ）

1952年、京都府生まれ。ジャーナリスト。出版社勤務を経て、1986年にフリーランスに転身。『朝日ジャーナル』（朝日新聞社）で霊感商法批判キャンペーンに参加。その後、『週刊文春』（文藝春秋）などで統一教会問題の報道に携わる。都はるみ、阿木燿子、宇崎竜童、テレサ・テンなどの人物ノンフィクションを執筆。2010年、民主党から参議院選挙に出馬し初当選。2022年まで2期務め、拉致問題、ヘイトスピーチ問題に取り組む。近著『改訂新版 統一教会とは何か』（大月書店）、『北朝鮮 拉致問題――極秘文書から見える真実』（集英社新書）のほか著書多数。メルマガ「有田芳生の『酔醒漫録』」（まぐまぐ）で統一教会のタブーを精力的に発信する

扶桑社新書 461

統一協会問題の闇
国家を蝕んでいたカルトの正体

発行日 2023年3月1日　初版第1刷発行

著　　者………小林よしのり
有田芳生
発 行 者………小池英彦
発 行 所………株式会社 扶桑社
〒105-8070
東京都港区芝浦1-1-1 浜松町ビルディング
電話 03-6368-8875(編集)
03-6368-8891(郵便室)
www.fusosha.co.jp

印刷・製本………株式会社 広済堂ネクスト

Printed in Japan　ISBN 978-4-594-09424-9